마음을 다하여 하나님 사랑하기
A Mind for God

제임스 에머리 화이트 지음 · 홍병룡 옮김

Ivp

IVP(InterVarsity Press)는
캠퍼스와 세상 속의 하나님 나라 운동을 지향하는
IVF(InterVarsity Christian Fellowship)의 출판부로
생각하는 그리스도인을 위한 문서 운동을 실천합니다.

Originally published by InterVarsity Press
as *A Mind for God* by James Emery White
ⓒ 2006 by James Emery White
Translated by permission of InterVarsity Press
P. O. Box 1400, Downers Grove, IL 60515, U. S. A.

Korean Edition ⓒ 2008 by Korea InterVarsity Press
156-10 Donggyo-ro, Mapo-gu, Seoul 04031, Korea

A Mind *for* God

James Emery White

 차례

감사의 글 … 6
서문 … 9

1장 기독교적 지성 … 19

2장 문화적 지성 … 27

3장 도서관은 무기 창고 … 39

4장 잃어버린 배움의 수단 … 57

5장 거룩한 사고 활동 … 73

6장 지성을 위한 규칙 … 89

7장 당신의 생각을 용기 있게 말하라 … 101

주 … 114
부록 … 129

감사의 글

먼저 아내에게 감사한다. 내가 쓴 책들의 모든 내용은 아내의 희생과 지원이 있었기에 가능했기 때문이다. 이미 내 지성을 훌쩍 뛰어넘은 네 자녀 레베카, 라헬, 조너선, 재커리에게도 감사한다.

이제는 한 가족 같은 IVP 형제자매들에게도 감사한다. 책을 펴내고 알리는 데 힘을 쏟 신디 번치, 제프 크로스비는 나와 뜻을 같이하는 소중한 친구들이다. 신디가 안식년 휴가를 갖는 동안 일을 대신해 준 드류 블랭크맨에게도 특별히 감사의 말을 하고 싶다. 앤드류 브론슨, 크리스타 카르넷, 브룩 놀렌은 책을 만들 때마다 지칠 줄 모르고 정성을 쏟아 주는데, 내 이름으로 나오는 책에 쏟은 그들의 정성에 감사를 표할 수 있어 기쁘기 그지없다. 큰 비전을 나와 공유하는 밥 프라일링에게 감사한다.

조수 글린 고블에게 감사하는 마음은 늘 변함없다. 항상 쾌활한 모습, 섬기는 마음, 이타적인 헌신, 한결같은 충성은 끝이 없는 것 같다. 내 생애에 그녀의 사역을 허락해 준 하나님께 감사드린다.

끝으로, 내 지성을 일깨워 준 여러 분께 감사를 표하고 싶다. 가족과 친구들, 저자와 선생들, 살아 있는 자와 죽은 자들. 그 가운데 특히 내게 도전을 주고 내 역량을 키워 주고 생기를 불러일으키고 생각을 깨우쳐 준, 지금은 그리스도와 함께 있는 다섯 사람에게 영원히 빚진 심정을 품고 있다. 모티머 애들러, 월터 마틴, 프랜시스 쉐퍼, C. S. 루이스, 윌리엄 핸드릭스. 썩 잘 어울리는 오총사는 아니지만 하나님이 그들 모두를 내게 데려다 주셨다.

제임스 에머리 화이트

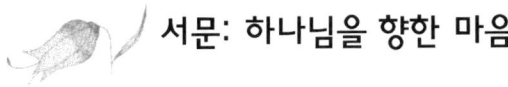# 서문: 하나님을 향한 마음

"나는 설교는 너무 많이 했고, 공부는 너무 적게 했다."

빌리 그레이엄

이 글을 쓰고 있는 지금, 큰딸은 미국 유수의 대학 1학년에 다니고 있다. 그 아이가 듣는 역사학 강의 첫 시간에 담당 교수는 기독교가 기초하고 있는 역사적 기록은 모두 사실이 아니라고 말했다. 예수가 자신을 메시아라고 주장한 적도 없고, 추종자들 가운데 예수의 죽음 이후 수세기가 지나기까지 그를 신적인 존재로 여긴 사람도 없으며, 복음서에 기록된 사건들은 그것을 목격한 증인들이 직접 기술하지 않았다는 것이다. 예수는 종교적 인물이기보다 정치적 인물에 가까웠으며, 어떤 종류든 '교회'를 설립하려고 한 적이 없고, 예수의 운동에 동참하던 자들이 성스럽게 여긴 '복음서들'만

해도 수십 개에 달하며, 성경에 포함된 네 복음서는 서로 모순투성이에다 오류도 많다는 것이다.

딸아이는 첫 시험에 통과하기 위해, 예수는 베들레헴이 아닌 나사렛에서 태어났고, 디모데전서는 바울의 저작이 아니며, 정경에 포함된 네 복음서는 예수의 죽음을 둘러싼 주요 사실들에 대해 서로 모순을 보인다고 쓰지 않으면 안 되었다. 또 예수가 십자가에서 죽은 때가 유월절 후였는지 전이었는지, 유다가 정말 자살을 했는지 등에 대해서도 마찬가지였다.

이는 사실 그리 큰 문제가 아니다. 미국의 단과대학과 종합대학 교수들을 대상으로 한 설문 조사에 따르면, 그 가운데 67퍼센트가 동성애를 이성애와 똑같이 용납할 만하다고 '강하게' 혹은 '어느 정도' 수긍했다고 한다. 84퍼센트가 낙태의 권리를 지지하고 있으며, 75퍼센트가 혼외 동거를 찬성하는 것으로 나타났다. 정기적으로 교회에 가는 숫자는 삼분의 일에 못 미치는 것으로 조사되었다. 캔자스 주의 교육부가 공립학교에서 찰스 다윈의 진화론을 의문시하는 새로운 표준 이론을 가르칠 수 있도록 승인했을 때(그리고 '지적 설계'는 그 개념만 토론하도록 허용하면서), 국립 과학교육센터의 소장은 이렇게 말하며 반발했다. "그 아이들이 대학에 가면 엄청난 충격을 받을 것이다. 고등학교에서 배운 내용이 모두 쓰레기라는 것을 알게 될 것이기 때문이다."

찰스 콜슨(Charles Colson)처럼 기독교적 관점에서 문화를 비평하는 자들이 "대학 강의실을 학생들을 교육하는 장소가 아닌 세뇌시키는 곳으로 사용하는 교수들이 점차 늘고 있는 현실에서, 다양한 견해를 소개하기보다 자기네 의견만 주입시키려는 교수들의 모습에 큰 우려를 표명하지 않을 수 없다"고 비판한 것은 그리 놀랄 일이 아니다.

딸아이가 전화를 해서는 그 교수가 기독교 신앙에 대해 언급한 내용을 거의 울먹이며 들려준 사건을 나는 두고두고 잊을 수 없을 것이다. 수년간의 독서와 교육을 통해 그 교수의 주장이 엉터리라는 것쯤은 알 만큼 이미 확고한 세계관을 갖고 있었음에도, 자신의 가치관과 신념이 그토록 신랄하게 비방을 받고 공격을 받자 감정적으로 흔들렸던 것이다. 게다가 삼백 명이나 되는 학생들이 가만히 앉아 그 교수의 말이 사실인 것처럼 무비판적으로 받아들이며 그것을 노트에 기록하는 모습을 보고 가슴이 찢어졌던 것이다.

이처럼 기독교 신앙을 비방하는 소리는 시대가 바뀔 때마다 사방에서 들려온다. 현재 최고의 베스트셀러로 꼽히는 「다빈치 코드」(The Da Vinci Code)는 예수가 신적인 존재가 아니며 마리아와 성적인 관계를 맺어 자식을 낳았다고 주장한다. 당대의 문화적 사조를 담은 최고의 걸작으로 사랑받는 영화 "스타워즈"(Star Wars)는 동양의 범신론적 사상을 퍼뜨리고 있다. 이 밖에도 동성애나 동성간 결혼,

유권자 정치, 법 등을 둘러싼 문화 전쟁, 진화와 지적 설계와 공립 교육을 둘러싼 논쟁 등 이런 예들은 얼마든지 더 열거할 수 있다.

그런데 많은 경우 우리의 지성은 이런 추세를 따라잡지 못하는 실정이다. 여기에는 위기와 기회가 모두 내포되어 있다. 현재 공공의 광장은 무언가 원대한 비전에 목말라 있음에도, 기독교적 지성이 종종 뒷짐을 진 채 다가올 세상보다 별 내용도 없는 현세의 풍조만 반영하는 한심한 모습은 큰 위기라 할 수 있다. 반면에 그리스도인이 앞으로 성큼 나아가 세상이 갈급해하는 그 지점에서 얼마든지 세상과 만날 수 있다는 것은 좋은 기회다.

그런데 이 시점에 그 기회를 붙잡는다 하더라도, 그것이 기독교적 지성이 호기를 포착한 최초의 사건으로 기록되지는 않을 것이다.

1995년에 토머스 카힐(Thomas Cahill)은 「아일랜드인이 어떻게 문명을 구했는가」(How the Irish Saved Civilization)라는 도발적인 제목의 책을 출판했다. 그는 이렇게 주장한다.

아일랜드는 흠잡을 데 없이 영광스러운 순간을 맞이한 적이 있다. … 로마 제국이 무너지고 유럽 전역이 황폐해지자 이방인들이 로마 도시들로 내려와 유물들을 약탈하고 책들을 불태울 때, 이제 막 읽고 쓰는 법을 배우던 아일랜드인은 서구 문학을 전부

복사하는 거대한 작업에 착수했다.

그 후 선교 정신을 가진 아일랜드 수도사들은 그 섬에 보존되어 있던 것들을 대륙으로 도로 운반하여 유럽 문명을 다시 세울 수 있었다. 이렇게 해서 아일랜드인이 문명을 구한 것이라고 카힐은 결론을 내린다.

그런데 카힐은 눈에 보이는 것을 넘어 더 중요한 이야기를 해준다. 만일 그 문헌들이 보존되지 않았더라면 라틴 문학의 손실은 물론이고 각 나라의 위대한 문학적 발전도 없었을 것이며, 그뿐만 아니라 중대한 한 가지를 잃어버렸을 것이라고 한다. 바로 "사고를 북돋우는 지성의 습관"이다.

이점이 왜 중요할까?

카힐은 이렇게 설명한다. "[그랬다면] 이슬람이 중세에 세력을 확장하기 시작했을 때 거의 저항을 받지 않았을 것이다. 새로운 정체성을 덧입을 준비가 되어 있는, 여기저기 흩어진 정령을 숭배하는 부족들만 있었을 것이기 때문이다." 이슬람의 공격에 맞섰던 튼튼한 정신 구조, 특히 기독교적 지성이 없었다면, 서구는 십자가 대신 초승달 아래 놓였을 것이다.

과거를 돌아볼 때 '지성의 습관'(habits of the mind)이 지금보다 더 중요한 적이 없었던 것 같다. 윈스턴 처칠은 1943년 하버드 대학교의 강연에서 "미래의 제국은 지성의 제국일 것"이라며 선견지명을 갖고 내다봤다. 옥스퍼드 신학자 알리스터 맥그래스(Alister McGrath)는 처칠의 강연을 돌아보면서, "현재 서구에 일어나고 있는 거대한 문화적 변화를 직시했으며, 이 변화가 거기에 몸담은 모든 이에게 엄청난 영향을 줄 것임을 지적한 것"이라고 평한다. 새로운 세계의 권세는 과거 제국주의 시대처럼 민족 국가에 있지 않고 이데올로기에 있을 것이다. 미래에는 국가들이 아니라 사상들이 군림할 것이라는 말이다. 그렇게 되면 세계 정복의 출발점은 인간의 정신(지성)이 될 것이다.

그런데 예전에 그랬듯, 구원을 받으려면 아일랜드인의 노력 이상의 것이 필요하다.

존 스토트(John Stott)는 "그리스도를 위해 세계를 '정복하는' 일에 대해 얘기해도 좋다. 그런데 우리는 무슨 종류의 '정복'을 염두에 두고 있는가?" 하고 묻는다. "이것은 무력을 통한 승리가 아니고… 사상을 둘러싼 전쟁이다." 그런데도 전사(戰士)는 놀랄 만큼 적다. 그리스도를 좇는 이들은 너무나 자주 개인적 경건과 선행의 영역으로 물러선다. 혹은 BBC 라디오의 어느 진행자가 말했듯 기독교는 단순히 '정서'를 다독거리고 '자선'을 베푸는 종교로 비칠 때가 너무 많다. 그 진행자는 이어서 이슬람의 도전을 지적하면서, 우리에게 필요한 것은 오늘날의 이슈에 대해 "견실한 사유"를 더 많이

하는 것이라고 덧붙였다.

그런데 그런 사유를 할 사람이 얼마나 있느냐가 문제다. 우리 시대가 안고 있는 문제는, 기독교적 지성이 가장 필요할 때에 그런 지성의 필요성을 역설하지 않는다는 것과, 따라서 그것을 개발하고자 하는 결의는 더더욱 찾아보기 힘들다는 것이다. 심지어는 준비된 지성보다 미완성의 지성을 더 덕스럽게 여기기도 하는 것 같다. 리처드 호프스타터(Richard Hofstadter)는 퓰리처 상을 받은 책「미국에서의 반지성주의」(Anti-Intellectualism in American Life)에서, '복음주의 정신'을 미국 반(反)지성주의의 주요 근원 중 하나로 지목했다. 그는 많은 그리스도인이 겸손한 무지를 연마된 지성보다 훨씬 더 고상한 인품으로 여긴다고 지적한다.

이와 같은 지성의 평가절하는 기독교 역사에서 비교적 최근의 현상이다. 이성의 역할과 지위에 대해서는 그리스도인이 오랜 세월 씨름해 왔지만, 지성 **그 자체**의 중요성을 의문시한 적은 없었다.

초대 교부 가운데 철학의 유용성을 거의 부정하고 "아테네가 예루살렘과 무슨 상관이 있는가?"라는 말로 유명해진 데르툴리아누스(주후 160-220)조차 지성의 중요성은 의심한 적이 없다. 사도 바울이 고린도 교회에 하나님의 어리석음이 인간의 지혜보다 더 지혜롭다고 말한 것처럼(고전 1:25), 그 역시 기독교 사상에 대해 그리스 철학이 별로 줄 게 없다고 믿었을 뿐이다. 두 사람이 연마되지 않은 지성을 높이 사는 반지성주의를 접한다면 분명 경멸의 시선으로 바라볼 것이다.

성경 저자들과 초대 교부들의 세계관 속에는 온전한 인간이 된다는 것은 곧 **사고하는** 존재가 되는 것이라는 생각이 깊숙이 자리 잡고 있었다. 지금도 우리는 인간을 '생각하는 존재'라는 뜻으로 호모 사피엔스라고 부른다. 이것은 단순히 과학적인 분류가 아니고 실은 **영적인** 분류이다. 우리는 하나님의 형상으로 지음받았으며, 그 형상 가운데 가장 귀하고 고상한 기능이 바로 사고의 능력이다. 이것이야말로 우리가 신적인 형상을 타고났음을 가장 잘 보여 주는 표지이자 하나님과 우리가 나누는 상호 교류의 토대이기도 하다. 하나님 자신이 예언자 이사야를 통해 "오라, 우리가 서로 변론하자(reason)"(사 1:18)고 간청하지 않았던가?

예수님도 지성이 하나님과 관계를 맺는 데 필수적 요소임을 분명히 밝히셨다. 그분은 하나님께 헌신하는 데는 마음과 목숨과 뜻(mind)이 필요하다고 요약하면서, 신명기에 나온 원래 내용에 '뜻' 곧 '지성'을 덧붙이셨다(마 22:37). 우리와 하나님의 관계 그리고 그분에 대한 우리의 헌신이 참으로 포괄적임을 감안할 때, 지적인 부분을 간과해서는 안 된다고 확실히 말씀하신 듯하다. 사도 바울도 그리스도인으로서 우리의 **변화**가, 그리스도의 빛에 비추어 우리 지성이 계속 새로워지고 있는가에 달려 있다고 주장했다(롬 12:2-3).

옥스퍼드 대학에서 C. S. 루이스(Lewis)에게 배웠던 해리 블레마이어즈(Harry Blamires)는 아예 "더 이상 기독교적 지성이 존재하지 않는다"고 선언함으로써 우리를 더욱 놀라게 만들었다. 기독교 윤리, 기독교적 실천, 기독교 영성은 있지만, 기독교적 **지성**은 없다는 것이다. 좀더 최근에는, 마크 놀(Mark Noll)이 복음주의 지성의 스캔들은 복음주의적 지성이 별로 없다는 사실이라고 맞장구를 쳤다. "만일 복음주의자가 더욱 넓은 이 지성의 세계를 진지하게 여기지 않는다면, 우리의 지성이 사실상 하나님과 그분의 종들이 아닌 오늘날 대학의 관습과 매디슨 가(미국 뉴욕 시에 있는, 광고의 거리로 유명한 곳-역주)의 생각에 의해 빚어지기를 바라는 셈이다."

그럴 경우, 설사 **우리의** 지성을 잃지 않는다 하더라도 다른 이들의 지성은 잃을 것이 분명하다. 이는 양날 칼과 같이 우리를 위협하고 있다. 우리에게 기독교적 지성이 없을 경우, 우리 앞에 아우성치는 수많은 세계관의 포로가 되든지, 그 아우성 너머의 기독교의 목소리를 들려주는 데 실패하든지 둘 중 하나다. 어느 쪽으로 기울어지든, 우리는 사고하는 일을 시작하든가 싸움에서 지든가 둘 중 하나를 택할 수밖에 없다.

이 책이 쓰인 목적은 바로 '기독교적으로 생각하는' 일을 돕는 것이다. 길이는 짧은 편이나 아주 거대한 도전을 그리고 있는 책이다. 그 도전이란 곧 성경적 세계관에 비추어 우리의 지성을 개발하고, 세상에 대해 기독교적으로 생각하는 법을 배우는 일이다. 이로부터 우리가 몸담은 문화에 그리스도인다운 반응을 보일 수 있고, 또 그 문화가 그리스도에게 반응을 보이게 할 수 있을 것이다. 이 야말로 사도 바울이 고린도 교회에 낭랑한 목소리로 상기시킨 내용이다. "우리가…육신에 따라 싸우지 아니하노니 모든 이론을 무너뜨리며 하나님 아는 것을 대적하여 높아진 것을 다 무너뜨리고 모든 생각을 사로잡아 그리스도에게 복종하게 하니"(고후 10:3, 5).

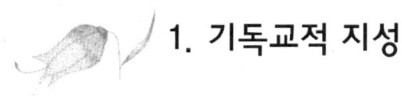 1. 기독교적 지성

"대다수의 그리스도인은 생각하기보다 차라리 죽기를 선호할 것이다."

버트런드 러셀

어느 여름, 잉글랜드의 옥스퍼드 대학에서 공부하던 중 방문 학생을 위한 환영회에 초대받은 적이 있다. 시작한 지 5분도 안 되어 플로리다와 캘리포니아에서 온 두 여성과 대화를 나누게 되었다. 의례적인 대화를 주고받던 차에 그들은 나에게 생업이 무엇이냐고 물었다. 나는 목사라고 대답했다.

플로리다에서 온 여성이 마치 기다렸다는 듯이 말했다. "당신같이 진실을 말해 줄 수 있는 분이 이런 자리에 있어서 참 기쁩니다. 당신은 **진짜** 이야기를 알고 계시잖아요. 그런데 왜 더 많은 목사들이 그렇게 하지 않는 걸까요?"

"글쎄요, 무슨 말씀을 하시는지 잘 모르겠군요."

"당신도 알다시피, 예수가 십자가에서 죽고 3일 만에 부활하고 온갖 기적을 일으켰다는 따위의 이야기 말이죠. 아니, 내 말은 그가 그런 식으로 죽은 적이 없다는 겁니다. 실은 자기 명대로 살았고 결혼도 하고 아이들도 낳았죠."

"정말 그런가요?" 하고 내가 되물었다.

"그걸 믿지 않나요?" 그녀는 못 믿겠다는 듯한 반응을 보였다.

그 여성은 완전 초면인지라 나로서는 말싸움을 하고 싶은 생각이 없었다. 더군다나 아주 기분 좋은 오후에 그러기에는 마음이 내키지 않았다. 그래서 가장 덜 자극적인 반응을 보이려고 애썼다.

"글쎄요, 당신과 의견을 함께하는 사람들도 분명히 있겠지만, 나는 솔직히 그들 중 하나는 아닙니다."

"그렇다면 성경에 나오는 그 따위 이야기를 모두 믿는다는 말씀인가요?"

"네."

"동정녀 탄생 같은 것 말입니까?"

"네" 하고 대답했다.

순간, 그녀의 얼굴에는 선명하게 이렇게 적혀 있었다. 여기 옥스퍼드에서 공부하는 총명한 듯 보이는 한 남자가 성경을 믿는답니다. 그녀의 눈에는, 뭔가 아주 잘못되었다고 말하는 듯한 빛이

역력했다.

우리 대화는 상당히 진지한 어조로 이어졌으나 기가 막힌 전환이 있었다. 플로리다 출신 여성이 계속 질문을 하고 반론도 제기하던 중에, 캘리포니아 출신 친구가 내 편에 합류하더니 예수와 기독교 신앙에 대한 그녀의 재구성이 그리 건전하지 않은 출처에서 나왔을지 모른다고 설명하는 것이었다. 나는 그녀의 시각에 감명을 받아 이렇게 물었다.

"그러면 당신은 스스로를 그리스도인이라고 생각합니까?"

"아니오" 하고 그녀가 응답했다.

"마음은 열려 있지만, 아직은 구도자라고 생각해요."

그러자 놀랍게도, 나와 논쟁을 벌이던 그 여성이 이렇게 말했다.

"그래요? 저는 확실히 **저 자신**을 그리스도인이라 생각하는데요."

이 대화는 아주 근본적인 의문을 제기한다. 어떤 지성을 기독교적이라고 했을 때 이 말의 의미는 과연 무엇인가? 옥스퍼드의 크라이스트 교회 뒤편에 있는 정원에서, 그리스도의 추종자가 아닌 한 여성이 스스로를 그리스도인으로 자처했던 여성보다 더 정통적이고 성경적인(그리고 정확한) 생각을 갖고 있는 것을 보았다. 기독교적 지성은 상세히 설명할 수 있는 어떤 것인가? 물론이다. 그것은 학문의 여왕인 기독교 신학이 해야 할 주요 임무 중 하나다. 내가 신학교 학생들에게 가르치듯이, 기독교 신학의 주요 목표 중 하나는 무엇이 정통인지, 그리고 무엇이 아닌지를 결정하는 일이다. 바른 사고도 있고, 그릇된 사고도 있다. **그릇된** 사고를 신학적으로는 이단이라 부른다.

그리고 상당히 많은 이단이 있다.

국립 청소년종교연구센터는 2001년에서 2005년까지 미국 청소년의 종교 생활 및 영적인 삶에 관한 최고로 방대한 연구 프로젝트 조사를 실시했는데, 이에 따르면 **그리스도인들 사이에서** 기독교적 세계관이 갈수록 약화되는 것으로 나타났다. 미국의 십대 가운데 절대 다수가 그리스도인으로 자처했지만, "삼위일체, 거룩, 죄, 은혜, 칭의, 성화, 교회, 성찬, 천국과 지옥 같은 언어와 그에 따른 경험이 행복, 멋, 공로로 얻는 천국의 상급 등의 언어로 대치된 것처럼 보인다."

조사 책임자인 크리스티안 스미스(Christian Smith)는 이렇게 말한다. "미국의 기독교가 세속화되고 있다기보다는 부지불식간에 서글픈 상태로 전락하고 있거나, 더 의미심장하게는, 전혀 다른 종교적 신앙으로 식민지화되고 그것들로 대치되고 있다고 할 수 있다."

스미스와 그 동료들은 이런 신앙을 "도덕주의적인 치료용 이신론"이라 부른다. 이는 그저 '착한 것' 이상을 요구하지 않는 그런 하나님을 믿으며, 인생의 목표를 행복과 기분 좋은 자아상을 갖는

데 두는 하나의 신념 체계다. 하나님은 우리가 일상 생활에서 맞닥뜨리는 많은 문제를 해결할 때만 필요한 존재다('신적인 관리자' 나 '우주적 치료자'라는 표현을 생각해 보라). 그리고 종교적 신념이나 확신과 상관없이 착한 사람은 죽을 때 하늘나라로 갈 것이다.

이것은 분명 성경적 세계관에 기초한 기독교적 지성이 **아니다**.

그러면 기독교적 지성이란 무엇인가?

기독교적 지성은 단순히 그리스도인으로 자처하는 사람들이 하는 생각이 아니다. 예수님은 베드로에게 아주 대놓고 "사탄아, 내 뒤로 물러가라. … 네가 하나님의 일을 생각하지 아니하고 도리어 사람의 일을 생각하는도다"(마 16:23) 하고 책망하셨다. 그것은 또 기독교적인 것들, 이를테면 예수나 은혜나 교회의 본질에 관해 생각하는 것도 아니다. 아울러 모든 쟁점에 대해 기독교적 관점을 수용하는 것과 혼동해서도 안 된다. 설사 그런 관점을 가질 수 있다 해도 그것은 기독교적 지성**으로부터** 나오는 것이지, 그 자체가 기독교 지성은 아니다.

오스 기니스(Os Guinness)는 이런 현명한 정의를 내렸다. "기독교적으로 생각한다는 것은 그리스도인이 모든 것에 관해 일관성 있게 기독교적으로 생각하는 것이다. 하나님의 말씀의 진리와 하나님의 영에 의해 형성되고, 지도되고, 통제되는 방식으로 생각하는 일이다." 기독교 신앙은 뚜렷한 경계를 가진 하나의 세계관일 뿐 아니라 **계시**에 기초를 둔 신념이다. 정치 체계나 입법 체계와는 달리, 기독교 신앙은 하나님이 성경과 특히 그리스도를 통해 스스로를 계시하기로 정하셨으며 계시야말로 이 모든 진리가 알려지는 유일한 통로라고 한다. 라틴어 *revelatio*에서 온 '계시'라는 말 자체가 '커튼을 걷다'라는 뜻이다. 만일 하나님이 계시의 행위를 수행하기로 정하지 않으셨다면 숨겨진 채 있었을 것을 우리에게 계시하신 것이다.

우리가 '생각하는 활동' 자체에 대해 접근하는 방식은 크게 두 가지로 나뉜다. 이 차이는 인류 문명의 초기부터 인류를 나누어 놓은 것이기에 결코 과소평가할 수 없다. 각 접근은 나름대로 독특한 담론과 논쟁, 철학과 이성, 과학과 상업 활동을 엮어 냈다. 이 두 갈래는 넓은 영역을 가로지르고 있지만, 그 핵심은 아주 단순하다. **우리 바깥에 우리가 고려하지 않으면 안 될 그 무엇이 존재하는가, 아니면 존재하지 않는가** 하는 문제다.

기독교적 지성은 우리 바깥에 우리가 고려해야 할 그 무엇이 존재한다는 신념 아래 작동하는 지성이다. 프랜시스 쉐퍼(Francis Schaeffer)가 말했듯이, 저기에 하나님이 계시는데, 그 하나님은 저기에 계실 뿐 아니라 침묵을 지키지 않고 말씀하는 분이다. 하나님의 존재와 그분의 자기 계시에 비추어 생각하는 것이 곧 기독교적 지성을 갖고 있다는 의미다. 그것은 세상을 신앙에 비추어 보는 것이다. 혹은 플래너리 오코너(Flannery O' Connor)가 자처하듯이 "기독교적 실재론자"가 되는 것이다. 이는 창조, 타락, 구속의 교리와 같은 특정한 신학적 진리들 앞에서 살고 있다는 확신을 의미한다. 이런 교리들은 단지 주관적인 신념에 그치는 것이 아니라 물리학 법칙만큼 확실한 실재의 일부다.

오코너가 보기에, 기독교 신앙은 실체가 없는 그 무엇, 의미가 없는 것, 실재에 확실히 뿌리박지 않은 그 무엇일 수 없었다. 그는 "소설가와 신자"(Novelist and Believer)라는 글에서 이렇게 적고 있다.

어떤 소설을 쓴 작가가 이 세상이 하나님의 창조 행위에 의해 조성되고 지금도 계속 유지된다고 믿는지, 아니면 세상과 우리가 우주적 우연의 산물이라고 믿는지에 따라 소설의 모양이 크게 달라진다. 그가 우리를 하나님이 창조하신 존재로 믿는지, 아니면 우리가 우리 형상대로 하나님을 창조했다고 믿는지에 따라 큰 차이가 생긴다. 또 우리의 의지가 자유롭다고 믿는지, 아니면 다른 동물들처럼 속박되어 있다고 믿는지에 따라 큰 차이가 생긴다.

이것이 기독교적 지성과 자연주의적 지성(진리 및 의미와 관련해 자연의 영역 바깥에 있는 것은 전혀 받아들이지 않는 지성)의

현격한 차이점이다. 기독교적 지성은 하나님을 자유로운 존재로 믿는 데 비해 자연주의적 지성은 그렇게 믿지 않는다. 기독교 지성은 이 하나님이 우주에 진리와 질서, 목적과 권위를 가져왔다고 믿는 데 비해 자연주의적 지성은 우리 자신과 우주의 자연주의적 과정 외에는 진리도 없고 권위도 존재하지 않는다고 믿는다. 이는 참으로 거대한 분수령으로서, 이로써 기독교적 지성이 다른 모든 지성과 다르다는 것을 알 수 있다.

이는 또한 현대 세계가 기독교적 지성에 던지는 거대한 도전을 보여 주기도 한다.

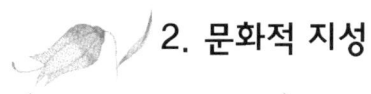

2. 문화적 지성

"우리의 지성은, 맑은 날과 흐린 날이 있듯이 맑거나 흐린 법이다."

호메로스

역사가 리처드 웨이카르트(Richard Weikart)는 「다윈으로부터 히틀러까지」(From Darwin to Hitler)라는 도발적인 제목의 책에서 다윈주의가 나치 독일의 사회 사상가의 윤리와 도덕에 미친 혁명적인 영향을 검토하고 있다. 다윈주의가 인간 생명의 신성함을 완전히 무너뜨렸다고 믿은 그들에게는 진화론적 '적응도'(특히 지력과 건강에 있어)가 나치 도덕의 최고 판단 기준이 되었다. 웨이카르트는 다윈주의가 우생학의 발생 뿐 아니라 안락사, 영아 살해, 낙태, 인종 말살 등을 대두시키는 데 전략적인 역할을 담당했다고 결론짓는다.

히틀러가 다윈주의 원리 위에 자신의 견해를 세웠다는 이 주장은 우리가 이해할 수 있는 가장 중요한 진실을 일깨워 준다. "사상은 결과를 낳는다"는 진리다. 이는 리처드 위버(Richard Weaver)의 책 제목이기도 한데, 그 책의 논제는 우리 시대의 대재난들이 필연적 산물이 아니라 선택의 산물이라는 것이다. 또한 그런 선택은 영적인 토대에서 벗어난 어떤 세계관에서 비롯되었다. 위대한 러시아 소설가 알렉산드르 솔제니친도 조국의 영적인 죽음을 거론하면서 이렇게 말하고 있다. "만일 누군가 지금 나에게 우리 국민 6천만 명을 삼켜 버린 그 파괴적인 혁명의 주원인이 무엇인지 간단명료하게 말해 보라고 한다면, 나로서는 '사람들이 하나님을 잊어버렸다. 그렇기 때문에 그 모든 일이 발생한 것이다'라고 반복해서 말할 수밖에 없다." 위버가 주장하는 해결책은 이성의 올바른 사용이다. 이는 절대적인 실재를 인식하고 사상도 행동처럼 결과를 낳는다는 점을 인식하는 것을 뜻한다.

그러나 현재 우리 세계를 좌우하고 있는 신념은 이와 다르다.

종교와 공공생활에 관한 퓨 포럼(Pew Forum)이 2004년에 실시한 종교와 정치의 관계에 대한 조사에서 미국 인구의 불과 7.5퍼센트만이 스스로를 '세속주의자'로 규정했지만, 칼럼니스트 데이비드 클링호퍼(David Klinghoffer)는 세속주의를 포용한 이가 7.5퍼센트를 훨씬 넘는다고 주장했다. 그 이유는 보통 유대교인이나 그리스도인으로 자처하는 다수가 실은 세속주의 신봉자이기 때문이라고 했다. 이보다 더 중요한 사실은, 현재 미국의 교육 체계와 대중 매체와 법 체계의 상층부에 세속적인 하부 문화가 자리 잡고 있다는 점이다. 그 곳은 바로 문화의 진원지로서 가치관과 사상이 형성되고 유포되는 통로다. 사회학자 피터 버거(Peter Berger)는 이 세력은 "그 지반이 비교적 약할지 모르지만, 실재에 대한 '공식적' 정의를 제공하는 기관들을 통제하고 있는 만큼 대단한 영향력을 발휘하고 있다"고 말한다. 그리고 "인도가 지구상 가장 종교적인 나라이고 스웨덴이 가장 덜 종교적인 나라라면, 미국은 스웨덴 사람의 지배를 받는 인도 땅이다"라고 비평한다. 그런즉 미국과 같은 나라는 정치적으로는 분명히 세속화되었고, 논란의 여지가 있지만 지적으로도 그렇다고 할 수 있다. 이 세속화가 '보통 사람'의 수준에 이르기까지는 그렇게 많은 시간이 걸리지는 않을 것이다.

여기서 내가 말하는 세속주의는 무신론을 가리키는 것이 아니다. 알리스터 맥그래스는 무신론이 현재 황혼녘에 접어들고 있다고 했다. 사실 무신론은 세속 종교의 핵심도 아니고 기독교 신앙에 대한 주된 도전도 아니다. 세속적 종교의 핵심은 도덕적 상대주의 혹은 **기능적** 무신론이다. 이는 도덕적인 것이 특정 문화나 사회적 위치에 의해 좌우된다고 주장하는 입장을 일컫는다. 도덕적 상대주의를 견지할 경우, 도덕적 가치관은 객관적 진리에 근거한 그 무엇이 아니라 개인적 의견이나 사적인 판단의 문제가 되고 만다.

그런데 이것이 기독교 신앙에 거대한 도전을 던지고 있다는 사실을 아는 사람은 극히 소수에 불과하다. 대주교 요제프 라칭거(Joseph Ratzinger)가 차기 교황으로 선임된 직후 AOL이 실시한 온라인 여론조사에서, 베네딕토 16세가 당면한 최대의 도전들이 무엇이냐는 질문에 사람들이 이렇게 반응했다. 맨 먼저 거론한 도전은 인공 복제나 배아 세포와 같은 '생명의 신성함' 문제였고, 이어서 사제의 부족이 언급되었다. 세속주의의 부상은 그 순위가 한참 낮았다.

다행히도 새 교황은 여론에 좌우되지 않고 세속주의의 위협을 제대로 인식하여, '생명의 신성함' 문제와 사제 부족이 부상하는 세속주의의 증상이라는 것을 지혜롭게 간파했다. 베네딕토 16세는 지금까지 서부 유럽과 특히 조국 독일에 미친 세속주의의 치명적 영향을 가까이서 목격한 사람이다. 독일인 가운데 한 달에 한 번이라도 예배에 참석하는 사람은 열 명 중 한 명도 안 되며, 다른 북유럽 사람들도 하나님은 자기에게 전혀 중요한 존재가 아니라고 말한다(유럽 헌법의 초안에 하나님에 대한 언급이 하나도 없는 이유도 이 때문이다).

라칭거가 교황 선거에 앞서 동료 대주교들에게 설교할 때 "우리는 상대주의의 독재를 향해 움직이고 있다. … 이는 확정적인 것은 전혀 없고 최종적인 평가 기준으로 자아와 욕망만 남겨 놓는 사상이다" 하고 선언한 것도 놀랄 일이 아니다. 요한 바오로 2세는 "두려워하지 말라!"는 외침으로 교황의 임기를 시작했었다. 베네딕토 16세는 그와 달리 "두려워하라. 아주, 아주 두려워하라"는 선포로 시작하는 것 같다. 사실 우리는 두려워해야 마땅하다. 아니, 두려워하는 것 이상으로 분명히 알아차려야 한다. 우리가 싸우는 전쟁이 사상을 둘러싼 싸움이라면, 우리를 대적하는 그 사상들을 알아차려야 한다.

하나님을 위한 지성은 문화적 도전에 직면해 있다. 지적인 세력을 겸비한 이 세상의 신이 하나님의 나라에 대적하고 있는 중이다. 그 공격 부대는 네 가지 주요 사상을 들이대고 있는데, 그 각각을 아는 것이 꼭 필요하다.

도덕적 상대주의

우리 문화에서 성경적 세계관을 정면으로 반박하고 있는 첫 번째 관념은 도덕적 상대주의다. 도덕적 상대주의란, '너에게 진리인 것은 네게 진리이고, 나에게 진리인 것은 내게 진리다'라는 생각이다. 도덕적인 것은 특정 문화나 사회적 위치에 의해 좌우된다. 도덕적 가치관은 객관적 진리에 근거한 그 무엇이 아니라 개인적 의견이나 사적인 판단의 문제가 되고 만다.

이런 관념은 서구 문화에 너무 깊이 뿌리박혀 있어서, 대학 교수인 앨런 블룸(Allan Bloom)은 "교수가 절대적으로 확신해도 좋은 것이 한 가지 있는데, 그것은 대학에 들어오는 거의 모든 학생이 진리를 상대적인 것으로 믿거나 그렇게 믿는다고 말한다는 사실"이라고 주장한다. 이처럼 아무도 정말 객관적일 수 없다는 의식이 커짐에 따라 실재를 보는 눈도 상당히 변했다. 누구도 자신이 처한 맥락(경험, 편견, 역사적, 문화적 흐름을 포함한)의 바깥에서 무조건적인 관찰을 할 수 없다. 이 관념은 '그건 네 의견'이라는 정서를 넘어 **모든 것**이 의견일 뿐이라고 본다. '저 바깥에' 아무것도 없다는 뜻이 아니라, '저 바깥에' 존재하는 것에 대한 우리의 모든 '이야기들'이 개인적이고 고도로 주관적인 생각의 산물이라는 것이다. 따라서 실재란 우리가 개인적으로 인지하는 것에 불과하다고 한다.

진리는 우리의 사적인 의견과 선호의 영역에만 상대적으로 존재하는 것인 만큼, 신앙의 문제도 갈수록 공적인 영역에서 배척을 당한다. 신앙에 대한 명시적 거론이 단순히 초라하게 보이는 차원을 넘어 지금은 공적인 의제에서 완전히 사라져 버렸다. 역사가요 교육가인 페이지 스미스(Page Smith)는 오늘날 "하나님은 대화의 적절한 주제가 아니고 '레즈비언 정치'가 오히려 그런 주제"라고 비꼬면서 얘기한 적이 있다. 정략적인 이유가 있을 때에만 '하나님'이 부활되어 마치 이력서의 일부인 양 입에 오르내리는 것이 최근의 유행이다. 하지만 이는 자신과 자신에 관한 진리를 계시한, 하나님과는 거리가 멀다. 영성과 종교는 거론해도 무방하지만, 배타적인 동시에 삶 전체를 달라고 요구하는 그런 초월적 진리는 금기시된다.

과거에 기독교가 과학이나 철학을 통해 그릇됨이 증명된 신념을 가르친다고 계몽주의 지식인의 배척을 받았다면, 오늘 그것은 불변하고 보편적인 진리를 주장한다는 이유로 실격 판정을 받은 셈이다. 특정 신앙이 과거에는 진리로 인식되던 것에 비추어 그릇된 것으로 여겨졌다면, 지금은 진리가 **존재한다**고 주장한다는 이유로 그릇된 것으로 치부되고 있다. 이에 대해 앨런 블룸은 "진정한 신자가 진짜 위험 인물"이라고 비꼬면서 평했다.

자율적 개인주의
문화의 물결을 타고 있는 두 번째 관념은 자율적 개인주의다.

자율적이 된다는 것은 독립적이 되는 것이다. 자율적 개인주의는 개인을 그 운명과 책임 면에서 독립적인 존재로 본다. 궁극적인 도덕적 권위는 자기 스스로 창출하는 것이다. 결국 우리는 자신 외에는 누구도 책임을 지지 않는다. 우리는 자율적인 존재이기 때문이다. 우리가 내리는 선택도 개인적 쾌락에 의해 정해지는 것이지, 더 높은 도덕적 권위의 간섭을 받지 않는다.

네덜란드의 지도자였던 아브라함 카이퍼는 "우리 삶의 모든 영역에서 그리스도가 '내 것!'이라고 선언하지 않는 곳은 단 한 평도 없다"는 기독교 사상을 주창했는데, 오늘날의 사조는 그리스도에 대해 "감히 네가 어떻게 그런 주장을 하느냐"고 반기를 든다. 좀더 단적으로 이야기하자면, "너는 자신이 누구라고 생각하느냐?"고 도전할 것이다. 이에 대해 그리스도는 당연히 "하나님"이라고 응답할 것이다. 이것은 물론 논쟁거리다. 프랑스의 실존주의 철학자 장 폴 사르트르는 "사람은 하나님이 되는 과제를 가진 존재"라고 반론을 제기했다.

자기애적 쾌락주의

기독교 세계관이 싸워야 할 세 번째 관념은 자기애적 쾌락주의다.

그리스 신화에 나오는 나르키소스는 물에 비친 자기 모습을 보고 반해 남은 인생을 자기 연모에 바친 인물이다. 여기서 자기 자신에게 몰입한다는 의미의 **나르시시즘**(narcissism)이란 단어가 나왔다. 자기애적 쾌락주의는 개인적인 쾌락과 만족을 최고의 관심사로 삼는 의식 구조를 일컫는다.

혹은 프랜시스 쉐퍼가 시종일관 주장했듯이, 오늘날 궁극적인 윤리는 개인적 평안과 사적인 풍요의 추구인 것처럼 보인다. 쉐퍼의 결론과 의견을 같이하여, 저명한 문화역사학자 크리스토퍼 래시(Christopher Lasch)는 종교보다 개인적 치료를 선호하는 오늘날의 풍조를 일컬어 '나르시시즘의 문화'라는 이름을 붙였다. 개인적 안

녕, 건강 그리고 정신적 안정을 추구하는 열심이 이전의 개인적 구원을 향한 굶주림을 대치한 것이다.

이 풍조는 단순한 자기 만족의 차원을 뛰어넘는다. 사실 나르시시즘은 하나의 세계관이 되어 버렸다. 스탠리 그렌츠(Stanley Grenz)가 말한 것처럼, 안셀무스의 유명한 금언 "나는 이해하기 위해 믿는다"가 계몽주의에 의해 "나는 내가 이해할 수 있는 것을 믿는다"는 말로 바뀌고 말았다. 오늘날은 거기서 한 걸음 더 나아가 "나는 그것이 내게 유익하다는 것을 이해할 때 비로소 믿는다"로 변형된다. 따라서 기독교 신앙의 핵심에 있는 자기 희생이란 개념은 실로 반문화적인 것이 아닐 수 없다. 현대 세계는 그 개념의 깊이를 도무지 헤아릴 수 없다는 말이다.

환원적 자연주의

잡지 "사이언티픽 아메리칸"(Scientific American)의 창간인이자 발행자인 제라드 피엘(Gerard Piel)은, 역사가들이 20세기 서양 문명을 검토하면 '과학의 시대'로 간주할 것이라고 주장한 바 있다. 그런데 무조건 과학의 시대가 아니라 **자연주의**의 시대로 기억될 것이다. 자연주의란 자연이 '존재하는 모든 것'이라는 관념이다. 이것이 우리 문화에 뿌리박힌 네 번째 관념이다. 자연주의는 인생을 우발적 사건으로 본다. 자신 외에는 질서나 이성을 가져오거나 설명을 제공하는 존재가 없다.

환원적 자연주의는, 자연 안에 인식 가능한 것은 오직 경험으로 **검증될 수 있는** 것에 국한된다고 한다. 실재하는 것은 보고, 맛보고, 듣고, 냄새 맡고, 만지고, 검증될 수 있는 것에 한정된다는 말이다. 검증된다는 말은 실험을 통해 반복될 수 있다는 뜻이며, 따라서 지식은 이런 수준의 인식으로 환원되었다. 그것이 구체적이고 과학적인 방법으로 검토될 수 없으면 미지의 것일 뿐 아니라 무의미한 것이다.

심지어 위험하기까지 하다.

천문학자 칼 세이건(Carl Sagan)은 마지막 저서에서 우리의 목표는 '귀신에 홀린' 세계에서 벗어나는 것이라고 주장했다. 이 말은 과학과 테크놀로지가 진리와 실재의 궁극적 판단 기준인 만큼 그 밖의 다른 진리나 실재가 있다고 도전하는 것이면 무엇이든 제거해야 한다는 뜻이다. 그러니까 우리는 그냥 과학이 아니라 **과학주의**를 갖고 있는 셈이다. 과학적 방법과 그 결과를 종교로 신격화하는 사상이 그것이다.

근대성의 흔적

우리가 그리스도인으로서 이 세상을 이해하는 일이 중요한 이유는 두 가지다. 첫째, 그런 세계관들이 **우리** 속에 살고 있을지 모르므로 경각심이 요구되기 때문이다. 우리는 성경의 가르침과 성령의 인도를 받아 사유 활동을 하고 있는가, 아니면 나도 모르게 도덕적 상대주의의 유혹에 빠져 버리지 않았는가? 우리는 인생을 하나님과 그분의 영원한 목적에 전적으로 헌신했는가, 아니면 소명감을 잃어버린 채 자율적 개인주의의 목소리에만 응답하고 있는가? 우리는 위대한 구속의 드라마에 비추어 하나님나라와 교회를 위해 희생적으로 살고 있는가, 아니면 영적인 것을 소비용 물품으로 취급하는 자기애적 쾌락주의에 빠져들고 있는가? 우리는 세상을 물질주의적 렌즈로 보는가, 아니면 세상을 창조했을 뿐 아니라 섭리의 손길로 창조 세계를 계속 감독하고 계시는 그 하나님을 보고 있는가?

둘째, 우리는 우리가 그리스도를 위해 관계를 맺을 주변 사람들이 세상으로부터 어떤 영향을 받고 있는지 이해할 필요가 있다. 어떤 지적인 도전을 받고 있는지, 또 어떤 필요가 채워지지 않고 있는지를 알아야 한다. 우리가 그들의 속 깊은 의문과 갈망을 마주 대하려면, 어떻게 살고 말하고 행동하고 섬겨야 하겠는가?

사실 세상은 여전히 갈망을 채우지 못한 채 남아 있다.

우리 세계가 안고 있는 상처는 자연주의에 뿌리박은 세속적 세계관이 스스로 약속한 것을 지키지 못했기 때문에 생긴 것이다. 우리는 개인적인 만족과 보람을 느끼기보다 도덕적, 영적 황무지에서 살고 있다. 도덕적 상대주의는 가치관의 위기를 초래했다. 우리는 참된 가치관을 갖고 싶어도 그것을 찾을 수 없으며 찾을 수 있는 수단마저 잃어버렸다. 자율적 개인주의는 비전의 상실을 낳았다. 우리를 현 상태보다 더 높은 위치로 끌어올리는 아무런 부르심도 없다. 자기애적 쾌락주의는 텅 빈 영혼을 조장했다. 갈수록 더 둔감하게 만드는 그 길을 따라가 본 사람은 그것이 얼마나 공허한 것인지 알고 있다. 그리고 환원적 자연주의는 인간의 경험에 부적절한 것으로 판명되었다. 우리는 우리의 오감이 검증할 수 있는 것 이상의 존재가 있다는 것을 직관적으로 알고 있으며, 우리 자신을 초월하는 그 무엇을 찾고자 갈망하고 있다.

그런데 그리스도인은 세상이 갖고 있지 않은 어떤 것을 줄 수 있는가? 우리는 비그리스도인에게 그리스도만이 그들의 필요를 채워 줄 수 있는 유일한 분이라고 선명하게 제시할 수 있는가?

그렇게 하려면 우리는 우리 지성을 열심히 갈고 닦지 않으면 안 된다. 이 책의 나머지 부분은 바로 그것이 어떤 모습인지를 그려 보려는 시도다.

3. 도서관은 무기 창고

"그대가 올 때에…책들은 특히 양피지에 쓴 것들을 가져오십시오."

디모데후서 4:13

나는 책 읽기를 좋아한다. 어린 시절 긴 여행길에 엘러리 퀸 추리 소설에 심취했던 일, 뜨거운 물에 목욕하는 동안 로라 잉걸즈 와일더(Laura Ingalls Wilder)의 「기나긴 겨울」(The Long Winter)을 읽던 일, 비가 억수같이 쏟아지는 날 창문 너머 바다가 보이는 도서관에 웅크리고 앉아 검은 수염의 해적이 배를 약탈하는 이야기에 푹 빠져 있던 모습이 파노라마처럼 스쳐간다. 할머니에게 열두 번째 생일 선물로 받아 수없이 읽어 너덜너덜해진 로알드 달(Roald Dahl)의 「찰리와 초콜릿 공장」(Charlie and the Chocolate Factory)을 아직도 갖고 있다. 나에게 가장 멋진 날은, 하늘이 온통 먹구름으로 뒤덮여 금방이라도 장대비가 쏟아지거나 폭설이 내릴 듯한 분위기에 벽난로 불을 피워 놓고 책 한 권을 펼쳐 들고 있는 날이다.

어린 시절에 몸에 밴 독서 취미는 대학 시절 그리스도의 제자가 되었을 때 전혀 다른 방향으로 선회했다. 책 읽기가 이제는 과거와 달리 긴박성을 띠기 시작했다. 어린 그리스도인으로서 일반 대학에 다니는 것은 쉬운 일이 아니었다. 주변에는 그리스도를 믿지 않을 뿐더러 왜 믿지 않는지를 설명해 주려고 안달하는 똑똑한 사람들이 즐비했다. 내 신앙을 위해 싸우기보다 그것을 꼭 붙들기 위해서라도 "너희 속에 있는 소망에 관한 이유를 묻는 자에게는 대답할 것을 항상 준비하라"(벧전 3:15)는 성경의 분명한 권고를 좇지 않을 수 없었다. 나는 내 신앙에 도전을 가하는 자들보다 더 깊이 생각해야 한다는 것을 알았다. 더 깊이 생각하려면 더 많이 읽어야 한다는 것도 알았다. 그래서 독서는 즐거운 활동에서 목적 지향적 활동으로 변했다. 책 읽기를 즐기느냐의 여부는 더 이상 문제가 되지 않았고, 그것은 하지 않으면 안 될 **필수 행위**가 되었다.

오직 독서를 통해 나는 세상을 지배하는 시류를 감지할 수 있었다. 오직 독서를 통해 기독교를 공격하는 지배적인 세계관들을 이해할 수 있었다. 오직 독서를 통해 하나님의 말씀을 듣고 세상의 말에 접근하는 대열에 설 수 있었다. 독서는 내 머리를 한없는 지식과 교훈과 통찰로 가득 채울 것이고, 내 지성을 작동시켜 발전을 가로막는 장애물을 뚫고 나가게 할 것이다.

그래서 나는 카뮈와 사르트르 같은 실존주의 철학자들의 글을 읽는다. 플라톤과 아리스토텔레스 같은 위대한 그리스 철학자들의 책을 읽는다. 역사, 문학, 과학을 탐구한다. 입센과 베케트의 희곡을 읽는다. 나는 분명한 목적 의식을 품고 그런 책에 접근하는데, 세상의 사상을 이해하는 데 그치지 않고 그것들과 싸울 준비를 하라는 사명을 받았기 때문이다. 아울러 다른 사상들을 도전하는 데 그치지 말고 어디서든 하나님의 진리를 찾으라는 임무를 받았기 때문이다. 모든 진리는 하나님의 진리이므로, 그 진리가 있는 곳에서 대화와 구속의 과정이 시작되는 법이다. 물론 내가 이런 확신을 품은 최초의 인물은 아니다. 이미 1170년에 노르망디의 한 수도사는 "도서실이 없는 수도원은 무기 창고가 없는 성과 같다. 우리의 도서실은 우리의 무기다"라고 썼다. 이것이 사도 바울의 신념이기도 했다. 그는 로마의 감방에 갇혀 있으면서도 디모데에게 책을 가져오라고 부탁했던 사람이다(딤후 4:13).

그런데 국립 예술기증협회의 "위기에 처한 독서"라는 보고서에 따르면, 문학을 읽는다는 대답이 현대 역사상 처음으로 성인 인구의 절반에도 못 미친 것으로 나타났다. 이는 특히 문학이 다른 장르에 비해 독서율이 크게 하락한 것을 반영하며, 특히 젊은이들 사이에서 그 하락률이 가속되고 있음을 보여 준다.

보고서는 이러한 요인을 전자 매체로의 대규모 문화 변동에서 찾는다. 오락을 위해서뿐 아니라 정보를 얻기 위해서도 전자 매체로 전향함으로써 독서를 불필요하게 만든다는 것이다. 독서를 그만두면 많은 것을 잃게 되니 참으로 값비싼 대가를 치르고 있는 셈이다. 사실 그 손해는 읽음으로써 얻을 수 있는 지식의 상실에만 국한되지 않는다. 책 읽기는 지성을 활성화하고 그것을 확장시키는 등 상당한 참여 행위와 활발한 주의 집중을 요구한다. 반면에 전자 매체는 그보다 훨씬 적은 것을 필요로 한다. 수동적인 참여를 조장하고, 주의 집중 시간도 짧으며, 당장의 욕구 충족을 요구하게 만든다. 또 보고서는, 인쇄 문화의 하락이 복잡한 의사소통과 통찰력을 가능케 하는 주의 집중과 묵상 능력을 크게 약화시킨다고 말하고 있다. 마침내는 다 함께 능동적으로 배우는 습관을 포기하게 만들 수도 있는 것이다.

따라서 책 읽기는 지적 발달의 **토대**에 해당한다고 할 수 있다.

내 아내는 대학에서 초등 교육을 전공한 사람으로서 네 아이를 8학년 때까지 홈 스쿨링으로 키우기로 결정했다. 부부가 함께하긴 했지만, 내 역할은 보조 교사에 불과했다. 아이들 하나하나를 잘 지도해서 고등학교와 대학교 시절까지 그 덕을 톡톡히 보았는데, 아내의 교과 과정의 핵심은 바로 책 읽기였다. 홈 스쿨링은 상당히 힘겨운 작업이다. 아무것도 계획대로 돌아가지 않을 때는(수학 숙제도 다 못하고, 과학 프로젝트도 제대로 하지 못하는 등), 하루가 끝날 즈음 아내는 지쳐 의자에 털썩 주저앉아 이렇게 되뇌곤 했다. "아무튼 좋아. 적어도 독서는 하니까 말이야. 아이들에게 독서만 시킬 수 있으면, 다른 모든 게 제 자리를 찾을 테니까." 아내의 판단이 옳았다. 실제로 그렇게 되었기 때문이다. 미국에서 독서를 삶의 '토대'로 선전하는 전국적인 캠페인을 벌였는데, 대중 매체를 이용한 캠페인 중 가장 바람직한 운동이었다.

하지만 독서가 주는 이점은 이를 훨씬 뛰어넘는다. 독서는 우리를 **생각하는 존재**로 훈련시킨다. 우리 시대의 사건들을 이해하고 해석하게 해주는 것이 바로 독서이기 때문이다. 그리스도인의 지성은 뉴스를 그냥 흡수하는 것이 아니라, 하나님의 목적에 비추어 그것을 생각해 보는 기능을 한다. 현재 일어나는 사건에 대해 어떻게 생각해야 할까? 그 의미는 무엇일까? 우리는 어떻게 반응해야 할까? 수잔 와이즈 바우어(Susan Wise Bauer)는 이렇게 말한다. "당신이 아침 뉴스 시간에 방금 웨스트 뱅크의 한 식당에서 자살 폭탄이 터져 많은 사상자를 냈다는 보도를 들었다고 하자. 이는 아무 노력 없이 수동적으로 듣는 정보, 곧 일단의 사실들에 불과하다. '너무나 안됐군' 하고 혀를 찰 수도 있다. 그러나 웨스트 뱅크에서 발생한 그 사건을 제대로 이해하려면 역사학, 신학, 정치학 등 여러 분야의 책을 진지하게 읽지 않으면 안 된다." 정보는 우리를 그냥 휩

쓸고 지나갈 뿐이다. 아무런 흔적도 남기지 않은 채 말이다. 그러나, 수잔의 결론처럼 "진실과 씨름하는 일은 우리에게 영원한 흔적을 남긴다."

독서의 중요성을 이야기하니, 오래 전에 읽은 책 한 권이 생각난다. 너무 오래 되어 저자조차 기억나지 않지만, 한 번도 읽힌 적이 없는 책에 대한 한탄을 쓴 내용이었다. 한 번도 넘어간 적이 없는 페이지들, 한 번도 열린 적이 없는 표지, 한 번도 읽힌 적이 없는 글들로 인한 손해를 다룬 글이었다. 단 한 권의 책이 당신의 이해를 심화시킬 수도, 당신의 비전을 넓힐 수도, 당신의 영을 예민하게 만들 수도, 당신의 혼을 깊게 할 수도, 당신의 상상력에 불을 지필 수도, 당신의 열정을 자극할 수도, 당신의 지혜를 넓게 확장할 수도 있다. 한 번도 읽힌 적이 없는 책을 두고 슬퍼하는 것은 지당한 반응이다. 그 책을 읽지 않은 바람에 놓친 유익과 입은 손해로 인해 얼마든지 눈물을 흘릴 수 있다는 말이다.

읽기로 작정하는 삶

그러면 정신없이 바쁜 와중에 어떻게 글을 읽는 사람이 될 수 있을까? 여러 책은 고사하고 한 권이라도 들고 있는 모습은 아주 특별한 사람들 혹은 특권층만 누리는 사치로 비치기 쉽다. 그러나 실은 누구나 그렇게 할 수 있다. 그것은 단지 선택의 문제일 뿐이다. 아니, 좀더 정확히 말하면, 일련의 선택에 따른 결과라 할 수 있다.

책을 읽으려면 먼저 읽을 **자세**를 갖추어야 한다. 나는 책을 늘 갖고 다니는 버릇을 익혔다. 여행할 때, 자동차 엔진 오일을 교체하러 갈 때, 아이들을 데리러 학교에 갈 때, 병원에 갈 때, 언제나 책이나 저널 또는 잡지를 들고 간다. 우리 집에 와 보면 곳곳에 책이 쌓여 있는 것을 볼 수 있을 것이다. 침대 옆 테이블이나 의자 옆, 거실 바닥 등.

그런데 이는 또 다른 차원의 결심을 반영한다. 주변에 책을 아무리 늘어놓아도 시간이 날 때 읽기로 작정해야만 그것이 쓸모가 있는 법이다. 여기서 핵심 단어는 **시간이 날 때**라는 말이다. 언젠가 경영 관련 필자로 유명한 짐 콜린스(Jim Collins)가, 우리에게 필요한 것은 '활동' 계획을 더 세우는 것이 아니라 몇 가지 '그만둘 활동'을 정하는 것이라고 말한 적이 있다. 내 경험으로 봐도 독서의 최대 걸림돌은 시간이 날 때 독서 **대신에** 다른 것이 그 시간을 차지하는 것이다. 책 읽을 시간이 없다는 말은 진실이 아니다. 시간을 다른 일에 쓰기로 정했다는 말일 뿐이다. 혹은 독서만 제외하고 다른 활동으로 시간을 채우기로 했다는 뜻이다.

그리고 그 중 어떤 유혹이 가장 큰지는 의심의 여지가 없다. "뉴욕 타임즈"(New York Times)에 실린 1997년도 연구 조사에 따르면, 일반적으로 미국인은 공영 텔레비전을 시청하는 데 일년 평균 1,100시간을, 케이블 텔레비전을 보는 데 추가로 500시간을, 음악을 듣는 데 300시간을 소비한다고 한다. 반면, 책 읽는 데는 불과 100시간을 사용했다. 만일 그 조사를 오늘 반복한다면 이 인터넷 시대에 어떤 결과가 나올지 한번 상상해 보라. 닐 포스트먼(Neil Postman)은, 조지 오웰(George Orwell)의 소설「1984년」이 표명하는 큰 두려움은 언젠가 책을 금하는 자들이 출현할지 모르는 것이라고 했다. 올더스 헉슬리(Aldous Huxley)가「멋진 신세계」(*Brave New World*)에서 그린 미래의 초상화는 이보다 더 선견지명이 있는 것 같다. 책을 읽고 싶어하는 자가 없을 것이기 때문에 굳이 책을 금할 이유가 없다는 것이다.

최근에 우리 가족은 플로리다 올랜도에 있는 디즈니월드를 구경한 적이 있다. 일주일 동안 머물면서, 아침 일찍 디즈니 공원에 갔다가 오후에 호텔로 돌아와 쉬고, 저녁에 다시 가는 식으로 지냈다. 하루는 오후에 호텔로 돌아와 안뜰에 놓인 테이블에 둘러앉아 자연스러운 활동을 하고 있었다.

모두가 책을 읽고 있었던 것이다.

큰딸은 동생에게 건네주려고「해리 포터」(*Harry Potter*) 최신판을 끝마치는 중이었고, 다른 딸은 도스토예프스키의「카라마조프 형제들」(*The Brothers Karamazov*)을 계속 읽어 갔으며, 큰아들은 톨킨(Tolkien)의「반지의 제왕」(*The Lod of the Rings*)을 다시 탐독하고 있었고, 막내아들은 레모니 스니켓(Lemony Snicket)의 「위험한 대결」(*Unfortunate Events*)을 읽으며 깔깔대고 웃고 있었다.

나도 주변에 여러 권을 쌓아 놓고 마치 어느 떡을 먼저 먹어야 할지 고민하듯 그것들을 바라보고 있었다. 마침내 데이비드 맥컬로우(David McCullough)가 쓴 역사책이 당첨되었다. 아내는 놀랍게도 남편이 쓴 책 하나를 읽고 있었다. 아내에게 복이 있을지어다! 순교자가 지금도 존재하고 있다니 말이다.

한 여성이 우리 테이블 쪽으로 걸어오더니 여섯 사람(특히 네 아이들)이 **책 읽는 모습**을 보고는 놀라는 표정을 지었다. 너무나 멋진 광경이라고 찬사를 보내고는, 어떻게 해서 그런 가족이 되었느냐고 의아해했다. 사실 우리는 일부러 한 일이 없다는 생각이 들었다. 우리 모두가 책 읽는 것을 그냥 좋아할 뿐이었다. 하지만 우리 아이들이 책을 좋아하게 된 연유가 있긴 하다. 이는 내 어머니의 방식을 따라하면서 시작되었는데, 아주 즐거운 마음으로 책에 대해 얘기하는 것이다. 그리고 우리는 아이들이 자라는 동안 책 읽는 삶의 모델이 되어 주었다.

한편 다른 생각도 들었다. 그 날 우리에게 책을 읽게 한 것은 무엇이었나? 그것은 이전의 수많은 날에 있었던 '사건'과 똑같은 일이 발생했기 때문이다. 그 날 호텔로 돌아온 다음 여느 가정과 마찬가지로 텔레비전이 켜져 있었다. 그 때 아내와 나는 본능적으로 아이들에게 "얘들아, 책 하나씩 들고 나가 독서하는 게 어때? 지금 다 같이 나가서 테이블에 둘러앉아 책을 읽자, 응?" 하고 독려했다. 그래서 그렇게 된 것이다.

그러나 우선적으로 중요한 것은, 책을 읽기로 선택하는 것이다.

무엇을 읽을까?

그러면 **무엇**을 읽어야 할까? 폭넓게 읽는 것과 잘 읽는 것은 별개의 문제다. 둘의 차이는 참 중요하다.

우리가 실제로 책을 읽는 시점에 다다르면 선택이 불가피하다. 쇼펜하우어가 말했듯이 "좋은 책을 읽고 싶으면 나쁜 책을 반드시 피해야 한다. 인생은 짧고 시간과 에너지는 한정되어 있기 때문이다." 리처드 위버는, 누구든 자유로이 책을 선택한다고 할 때 세 명 중 한 명이 이른바 '참 지식'을 택하게 될지 의심스럽다고 평한다.

이는 흔히들 말하는 '심심풀이용 서적' 즉 가볍고 시시한 책들을 피하는 문제가 아니다. 운동에는 놀이, 스포츠, 기분 전환의 요소가 포함될 수 있고 또 그래야 되는 것처럼, 독서에도 재미와 공상, 현실 도피와 오락의 요소가 포함되어야 한다. 그러나 우리가 읽는 것이 그런 것뿐이라면, 우리의 지성은 즉석 식품만 먹는 몸과 같이 되고 말 것이다. 2004년에 제작된 다큐멘터리 영화 "수퍼 사이즈 미"(Super Size Me)에서, 즉석 식품만 먹은 지 불과 30일 만에 체중 11

킬로그램 증가, 가슴 통증, 간의 문제, 호흡 곤란 등의 증세가 나타났다. 우리의 **지성**에 달마다 해마다 그런 음식만 먹일 경우 어떻게 될지를 상상해 보라.

그러면 '좋은' 책은 어떤 책인가? 어디서 '참 지식'을 얻을 수 있을까? 로버트 메이너드 허친스(Robert Maynard Hutchins)는 "서양의 경우, 최근까지만 해도, 좋은 교육을 위해서는 위대한 책들이 필수적이라고 생각해 왔다"고 말한다. 그렇다면 위대한 책이란 무엇인가? 허친스는 "사실 어떤 것들이 명작인지에 대해 누구도 그다지 의심한 적이 없다"고 말한다. "그것은 오랜 기간 읽혀 온 책들, 서구 지성사에서 최고의 작품이라 불리는 인류의 공통된 목소리다." 위대한 책들은 역사와 문화, 문명과 과학, 정치와 경제 등에 가장 큰 영향을 미쳐 왔고 인생의 커다란 이슈들에 대해 생각하게끔 자극하는 책들이다. C. S. 루이스는 그런 책을 '옛' 저서라고 불렀다.

그런 저서들을 모아 보려는 시도는 예전부터 죽 있어 왔다. 모티머 애들러(Mortimer Adler)와 나란히 허친스도 호메로스에서 프로이트에 이르는 무려 25세기에 걸친 '위대한 책들'을 수집해 보았다. 거기에는 플라톤과 아리스토텔레스, 베르길리우스와 아우구스티누스, 셰익스피어와 파스칼, 로크와 루소, 칸트와 헤겔, 다윈과 도스토예프스키 등이 포함되었다. 하버드에서 40년 간 총장으로 봉직한 찰스 엘리엇(Charles W. Eliot)은 매일 단 15분씩 책 읽기에 투자

하겠다는 사람은 누구나 교육을 받을 수 있도록 1.5미터 높이의 책 더미를 쌓는 것을 꿈꾸었다. 그 비전은 그가 50권 분량의 「하버드 클래식스」(Harvard Classics)를 편집함으로써 이루어졌다.

이런 독서 목록들과 관련하여 그 범위와 의도에 대해 얼마든지 비판할 수 있다. 그러나 적어도 그것들은 독자를 허친스가 말하는 '위대한 대화'에 들어가게 할 수 있다. 혹은 데카르트의 말처럼, 그런 책들을 읽는 것은 과거의 가장 고상한 인물들과 대화하는 것과 같다고 표현할 수도 있다. 아니, "그들이 자신의 최고의 생각을 우리에게 밝혀 주는 아주 잘 준비된 대화"를 나누는 것이다. C. S. 루이스는 한 걸음 더 나아가, 옛 책들은 현재 우리 시대의 관점에 도전을 제기하는 데 필요하다고 주장하며, "각 시대는 그 나름의 안목을 갖고 있다"고 말했다. "각 시대마다 특정한 진리들을 잘 보는 면이 있고, 또 특정한 실수를 잘 저지르는 면도 있다. 그러므로 우리 모두는 우리 시대 특유의 실수를 바로잡아 줄 책들이 필요하다. 이는 곧 옛 책들을 의미한다."

C. S. 루이스의 말이 옳다. 전도서 기자의 말처럼, 해 아래 새 것은 거의 없다. 옛적에 영적 각성을 통해 '은밀한' 지식을 얻고 영적인 것을 물질적인 것보다 더 강조했던 영지주의 이단은 시대마다 다시 고개를 치켜든다. 우리가 구원을 획득하기 위해 무언가를 해야 한다거나, 그럴 수 있다고 주장하는 펠라기우스의 목소리도 세

월의 흐름에 따라 다시 울려 퍼진다. 그리고 이 포스트모던 시대에는 니체의 철학이 다시 빛을 발하고 있는 셈이다.

만일 그리스도인이 세대마다 이런 사상을 처음 접하는 것처럼 여긴다면, 그 손해는 참으로 막심할 것이다. 예로부터 내려오던 격언, "나를 한 번 속이면 네 수치고, 나를 두 번 속이면 내 수치"라는 말이 옳다. 과거에 그리스도인들이 이미 다루었던 문제를 또다시 붙들고 씨름하느라 엄청난 시간과 자원을 낭비할 뿐 아니라, 양편 모두 대규모 사상자가 속출하게 될 것이다. 그리스도인 편에서는 그런 사상에 희생되는 자들이 많을 것이고, 비그리스도인 편에서는 복음에 마음이 열릴 뻔 했던 이들이 생각이 헷갈려 제대로 반응하지 못하는 경우가 많이 생길 것이다.

물론 우리가 그 옛 책들을 전혀 읽지 않을 가능성도 많다. 혹은 기껏해야 그 옛 책들에 **관한** 책들을 읽는 데 그칠 수도 있다. 뻔한 이유를 들자면, 사전에 그런 책들은 수준이 너무 높다거나, 우리와 상관이 없다거나, 아주 지루할 것이라고 지레짐작하기 때문이다. 그런데 놀랍게도 사실은 그렇지 않다. 물론 사람에 따라 책을 읽는 데 요구되는 노력의 정도가 다를 것이다. 그렇기 때문에 지성을 연마할 필요가 있다. 우리는 멋진 외모를 가꾸려면 단호한 결단과 의지력과 땀이 필요하다는 사실에 수긍한다. 지성도 마찬가지이나 수고에 비해 성과는 훨씬 더 많다.

가장 위대한 책

기독교 지성의 토대는 당연히 가장 위대한 책, 곧 성경이다. 이는 우리에게 주어진 하나님의 계시로서, 그 계시를 떠나서는 알 수 없는 그런 지식을 제공한다. 오직 성경만이 "살아 있고 활력이 있어 좌우에 날선 어떤 검보다도 예리하여 혼과 영과 및 관절과 골수를 찔러 쪼개기까지 하며 또 마음의 생각과 뜻을 판단한다"(히 4:12).

우리가 알고 있듯이, 성경은 다른 책처럼 읽어서는 안 된다. 성경은 집중적으로 연구하는 일 이상이 요구된다. 그것은 **순종해야** 할 책이기 때문이다. 다른 책들의 경우 우리는 그 진실성과 지혜, 거기에 나오는 장소와 목적 등을 여러 면에서 참여하고, 이해하고, 평가할 필요가 있다. 성경의 경우도 참여하고 이해해야 하지만, 그 내용을 고려할지 여부를 결정하기 위해 그렇게 해서는 안 된다. 모든 책 가운데 오직 성경만이 우리에게 삶과 사상 전체를 전적으로 순복하도록 요구한다. 신약학자 톰 라이트(N. T. Wright)의 말이 옳다. "그리스도인이라면 이렇게 말할 준비를 갖추어야 한다. '나는 이런 소리를 좋아하지 않아. 하지만 어찌하겠어? 만일 이게 정말 그런 뜻이라면, 그것을 내 마음에 품고 그로 인해 내 인격이 변화되도록 은혜와 힘을 달라고 기도할 거야.'"

그런데 안타깝게도 성경을 읽는 사람이 극히 드물다. 신약학자 고든 피(Gordon Fee)가 자기 책의 제목에 "그 모든 가치를 끌어내기 위해"라는 부제를 붙인 이유도 그 때문이다. 내가 목사와 교육가로서 관찰한 바에 따르면 사람들은 여러 방법으로 성경을 읽는 것 같다. 주일 예배 시간에만 성경을 읽는 '예배 중심' 독자들이 있다. 또 (경건 서적이나 잡지 등) 2차 자료들을 통해 성경 여기저기를 조금씩 섭취하는 경건 중심 독자들도 있다. 이 경우는 본문을 묵상하게 된다는 면에서 '예배 중심' 독자보다 몇 광년이나 앞서지만, 성경이 제공하는 잔치, 우리의 지성이 필요로 하는 잔치에는 훨씬 못 미친다. 정작 필요한 것은 공부하듯이 읽는 일이다. 성경을 펼치고 성경 사전과 성구 사전을 곁에 놓고, 시간을 내어 시편 기자가 "내 발에 등이요 내 길에 빛"(시 119:105)이라고 묘사한 그 말씀을 묵상해야 한다. 이것이 기독교적 지성의 토대다. 성경에 비추어 세계를 보는 성경적 세계관은 언제나 가장 발달된 기독교적 지성, 가장 견실한 기독교적 지성의 표지가 되어 왔다.

아우구스티누스를 생각해 보라. 찰스 콜슨은 「러빙 갓」(*Loving God*, 홍성사 역간)에서 '명민하고, 학식이 높고, 잘생긴' 아우구스티누스가 이탈리아에서 가장 선망받는 교수직을 맡고 있었음을 상기시킨다. 그가 입을 열면 모두 그 설득력에 압도당했다. 그와 필적할 사람이 거의 없었다. 기독교를 믿는 어머니를 두고 개인적으로 그 신앙에 매력을 느끼긴 했으나 하나님과 동떨어진 인생을 살았다. 어떻게 사는 것이 최선인지 몹시 고심했고, 약혼을 했으나 정부(情

婦)에 사생아까지 있었다. 실은 정부가 여럿이었다. 자기에게는 자연적 욕구를 저항할 힘이 없으므로 섹스가 필요하다고 했다. 다른 한편으로는 죄책감에 시달리고 있었다. 어린 시절 동네 악동들과 어울려 이웃집 배나무에서 배를 훔친 이래 죄책감이 떠나지 않았던 것이다.

그런데 아우구스티누스의 마음속에 변화가 일어나기 시작했다. 플라톤과 같은 위대한 철학자들을 통해 세상에는 시각, 미각, 촉각, 청각, 후각으로 알 수 있는 것 이상의 존재가 있다는 것을 확신하게 되었다. 오감을 뛰어넘는 것도 실재할 수 있다는 것이다. 그 후 아우구스티누스는 밀라노에서 주교로 일하던 암브로시우스를 만나게 되었다. 자기와 대등한 수사학적 기술을 지닌 위대한 웅변가를 발견한 것이다. 그런데 암브로시우스는 웅변술 이상의 것을 갖고 있었다. 아우구스티누스는 암브로시우스가 **말하는** 내용에 매료되었다.

아우구스티누스는 십대 시절에 처음으로 성경을 읽어 보았으나 별로 감명을 받지 못했다. 당시에는 아름다운 언어의 운율에 푹 빠져 있었는데, 성경의 언어는 평이하고 재미없어 보였다. 그렇게 수년이 흐른 지금, 암브로시우스의 영향으로 성경의 단순함이 아주 **심오하게** 들리기 시작했다.

어느 여름날 저녁, 열기와 고요함에 뒤덮인 정원에 앉아 있었다.

하지만 마음속에는 폭풍이 몰아치고 있었다. 혼돈의 구름이 무겁게 억눌러 마침내 가슴이 터질 것만 같았다. 무화과나무 아래 쓰러진 채 흐느끼기 시작했는데, 도무지 울음을 멈출 수 없었다.

그 때…어떤 목소리가 들렸다.

지저귀는 듯한 어린애 목소리가 이웃집에서 들려오는 듯했다. 노래 가락처럼 되풀이되는 소리였다. "집어 들고 읽어라. 집어 들고 읽어라. 집어 들고 읽어라."

나에게 하는 말인가?

"무얼 읽으라는 말입니까?" 아우구스티누스가 하늘을 향해 소리쳤다.

그러고는 주변을 둘러보니 가까운 곳에 바울 서신이 놓여 있었다. 성경책을 집어 들고 읽으란 말인가?

그는 그 책을 집어 들고, 펼쳐져 있던, 로마서 13장을 읽기 시작했다. 그 말씀들이 마음을 불태우는 듯했다. "방탕하거나 술 취하지 말며, 음란하거나 호색하지 말며, 다투거나 시기하지 말고, 오직 주 예수 그리스도로 옷 입고 정욕을 위하여 육신의 일을 도모하지 말라"(13-14절). 순식간에 마음의 그림자가 빛줄기 앞에서 사라져 버렸다. 그가 한때 명료함이나 표현의 매력이 부족하다고 여겼던 이야기가 그의 삶의 궤도를 바꾸고 그가 그토록 오랫동안 찾던 것을 가져다주었다. 그 때 그는 **진리**와 마주쳤던 것이다.

아우구스티누스는 삶을 그리스도께 바쳤다. 그리고 44년 동안 '집어 들고 읽는' 일을 계속함으로 역사상 가장 위대한 기독교 사상가요 저자 중 한 명이 되었다. 이 모든 일은 그 정원에서 시작되었다. 거기서 성경은 그저 해석해야 할 어떤 글이 아니라 오히려 **독자**를 해석하는 글임을 깨닫게 되었기 때문이다.

J. I. 패커(Packer)가 다음과 같은 말을 한 것도 놀랄 일이 아니다. "내가 마귀라면…성경의 진실성과 적실성과 분별력과 단도직입성에 대한 의심을 널리 공표하겠다. … 무슨 대가를 치르더라도 그들이 지성을 활용하여 규칙적으로 성경 메시지를 섭취하는 일을 막고 싶을 것이다."

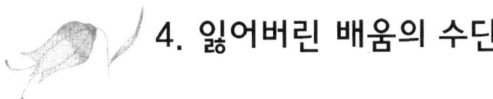

4. 잃어버린 배움의 수단

"우리가 교육이 지혜를 얻는 수단임을 간과하고… 학문에 대한 존경심을 잃고
말았다면, 참으로 슬픈 일이 아닐 수 없다."

T. S. 엘리엇

오늘날 지식은 내리막길을 걷고 있고 지혜는 더 가파른 비탈로 떨어지고 있다. 그 자리를 대신 채우고 있는 것은 **정보**다. 당장 접근할 수 있는 무한대의 정보가 널려 있다. 대형 인터넷 검색 엔진의 하나인 구글(Google)의 창설자들은 googol(10의 100제곱)에서 그 이름을 따왔는데, 이는 얼마나 많은 정보를 수록하려고 했는지를 보여준다. 그래서 구글에서 '하나님'을 치면 수백만 개의 검색 결과를 얻을 수 있다. 그런데 이는 무엇을 가져다주는가? 우리는 어떻게 그 엄청난 정보를 헤집고 나갈 것인가? 무엇이 옳고, 무엇이 그르며, 무엇이 가치가 있고, 무엇이 가치가 없는 것인가?

퀀틴 슐츠(Quentin Schultze)는 그것이 우리에게 안겨 주는 것은 "지식, 지혜, 그리고 심지어는 진리의 가면을 쓴 채 끝없이 쏟아지는 시시하고 어리석은 말, 소문"일 뿐이라고 한다. 그것은 응집성이 없는 정보에 불과하다. 전체를 묶어 주는 끈이 없다는 뜻이다. 파편화되고 분해되고 조각난 것들에 불과하다. 설상가상으로 문지기도 상담가도 안내자도 없다. 보안관이 없는 서부의 변경, 순찰을 돌지 않는 어두운 골목과 같다.

이것은 엄청난 문제를 안고 있다고 해도 과언이 아니다. 더군다나 이 많은 정보가 우리의 요구로 주어졌을 뿐 아니라 우리의 통제 아래 있기에 더욱 그렇다. 우리가 살고 있는 세상은 보고 싶은 것만 볼 수 있고, 듣고 싶은 것만 들을 수 있으며, 읽고 싶은 것만 읽을 수 있는 곳이다. 테크놀로지를 통해 모든 것을 걸러내고 우리가 보고 싶은 것만 남길 수 있는 능력이 우리에게 있다. 시카고 대학 교수 카스 선스타인(Cass Sunstein)이 "날마다 나에게"(Daily Me)라고 일컬은 세계를 창조하는 것이다. 우리가 좋아하는 스포츠 팀의 하이라이트만 보고, 우리의 이해관계와 관련된 이슈들만 읽고, 우리가 동의하는 특집란에만 관계하는, 스스로 창조한 세계에 살고 있는 것이다.

흔히 높이 칭송하는 정보의 사유화는 우리의 생각을 도전하거나 우리를 불편하게 만드는 것에는 전혀 노출되지 않도록 우리를 보호해 준다. 아무 제재 없이 우리는 우리 자신의 목소리에서 나오는 메아리를 좇아가기 시작한다. 지식은 하찮은 것이 되고 만다. 구글의 프로젝트가 참으로 칭찬할 만한 것인지 모르지만, 2005년에 가장 인기가 많았던 구글의 검색어에는 자넷 잭슨, Xbox 360, 브래드 피트, 마이클 잭슨, 드라마 "아메리칸 아이돌"(American Idol), 안젤리나 졸리 등이 포함되어 있다.

그렇기 때문에 교육이 중요하다.

그리고 교육을 중요시하는 것은 상당히 기독교적인 태도다. 교양 교육의 토대 자체가 중세에 개발된 수도원 교육으로 거슬러 올라가기 때문이다. 당시에는 성경을 통한 성스러운 공부와 일곱 가지 교양 과목을 통한 세속적 공부가 있었다. 삼학과(문법, 수사학, 논리)와 사학과(산수, 기하, 천문, 음악)가 그것이다. 인간이 배우는 내용 전체가 이 '학예들'로 묶일 수 있다고 생각했던 것이다.

그런데 성과 속의 구별은 그리 뚜렷하지 않았다. 교양 과목은 삼학과(*trivium*: 삼중적인 길)와 사학과(*quadrivium*: 사중적인 길)라는 단어 자체가 입증하듯이, 자기를 초월한 어떤 것을 지향하는 공부, 곧 하나님의 말씀에 담긴 지혜에 이르는 길에 해당했다. 달리 말해서, 모든 진리는 하나님의 진리이므로, 그와 같은 공부가 기독교적 지성을 개발하는 데 매우 중요했다. 배움 그 자체가 성스러운 일이었던 이유는 그것이 하나님을 아는 지식을 추구하고 그 지식에 비추어 삶을 이해하는 작업이었기 때문이다. 그 바탕에는 성품과 지식을 동시에 배양하려는 생각이 깔려 있었으며, 사실 이 둘은 서로 뗄 수 없는 관계에 있었다.

T. S. 엘리엇(Eliot)은 학문에 대한 존경심을 잃어버리는 것을 비극이라고 했다. 모든 진리가 하나님의 진리라면, 진리를 어디서 발견하든 그것을 기뻐해야 마땅하며 아울러 어디든 그것을 찾아나서야 한다. 배움이라는 것은 우리 자신이 배울 수 있는 상황과 경험에 노출되는 것을 전제로 한다. 독서도 그 가운데 하나이지만, 대화와 지도, 지침과 도전이 없는 독서는 상당히 편협한 배움의 경험이라 할 수 있다. 우리는 다른 이들로부터 배울 것이 많으며 우리가 읽은 그 책들을 이미 읽은 이들과 교류함으로 배울 수도 있다. 잠언은 우리와 타인과의 교류를 철이 철을 날카롭게 하고, 사람이 사람을 빛나게 하는 것으로 묘사하고 있다(잠 27:17). 내가 셰익스피어의 작품을 읽는다고 하자. 그런데 그것을 홀로 읽어서 얻을 수 있는 것과 일생을 셰익스피어 연구에 바친 누군가 아래서 공부해서 얻을 수 있는 것 사이에는 굉장한 차이가 있다. 전자의 경우에는 편협한 생각, 제한된 의견, 얄팍한 결론에 빠질 위험이 많다.

한편 그리스도인에게는 그 이상의 것이 있다. 성경은 가르침을 성령의 은사에 포함시키고 있다(롬 12:7; 고전 12:29; 엡 4:11). 성령의 은

시는 그리스도의 몸에 필요하기에 성령이 주시는 것이다. 가르침의 은사는 배우는 학생들이 있다는 것을 함축한다. 따라서 우리는 학생이 될 필요가 있다는 뜻이다. 이는 일종의 선택 사항이 아니라 암시적인 명령이다. 우리는 배우는 사람이 되어야 하고, 배움은 일차적으로 선생을 통해 일어난다. 이것이 매우 중요하기에 성령이 그 목적으로 가르침의 은사를 나눠 주시는 것이다. 이를 활용하지 않는다는 것은 우리의 삶 가운데 일하시는 성령의 사역을 거부하는 셈이다. 그렇다고 무분별하게 배우는 자가 되라는 말은 아니다. 선생이라고 모두 성령의 은사를 받은 것은 아니고, 성령의 인도를 받는 선생은 그보다 더 소수이기 때문이다. 그러나 배우는 일 자체는 선택의 여지가 없다.

이는 현재 우리 사회를 지배하는 생각과 전혀 다른 관점이다. 우리는 흔히 클리포드 윌리엄스(Clifford Williams)가 "공리주의적" 교육관이라고 부른 견해를 갖고 있다. 우리는 대학 공부를 장차 사회에서 자리를 확보하기 위한 방편으로 생각한다. 우리가 학위 과정을 밟는 것은 좀더 나은 이력서를 쓰고 더 좋은 직장을 얻기 위함이다. 그래서 기껏해야 의사소통, 운송, 의료 기술을 향상시키기 위해 컴퓨터 공학, 화학, 생물학을 공부한다. 최악의 경우에는, 그것들을 어떤 목적을 위한 수단으로 이용한다. 그 목적은 종종 돈을 버는 것이다.

"우리 문화는 교육의 목표를, 시장에서 써 먹을 수 있는 기술과 지식을 얻어 더 잘사는 것이라고 선언한다. 배움 그 자체를 선한 것으로 얘기하는 경우는 극히 드물다"고 윌리엄스는 말한다. 그러나 지성 자체가 우리 존재의 다른 부분과 마찬가지로 청지기 역할을 하도록 창조된 것이라면, 교육은 그 자체로 선한 것일 수 있고 또 그렇게 생각해야 할 것이다. 윌리엄스가 결론적으로 말하듯이, "학교에 다니는 일은 선한 인생을 준비하는 수단에 불과한 것이 아니라 그 자체가 선한 삶이다."

그리스도인의 교양

그러면 우리는 무엇을 배우려고 힘써야 하는가? 우리가 특별히 '알아야' 할 것들이 있는가? 1980년대 말 갑자기 등장하며 주목받은 학자 E. D. 허시(Hirsch)는 아주 단순한 아이디어로 대중의 이목을 끈 다음 야심적인 프로젝트를 제시한 인물이다. 그의 아이디어는 '문화적 교양'의 가치에 관한 것으로서, 기능적 교양과 효과적인 전국 차원의 의사소통을 위해 배경 지식의 중요성을 강조하고 있다. 그의 프로젝트란 교양이 어떤 것을 내포하는지 열거하는 것이다. 그가 쓴 「문화적 교양」(Cultural Literacy)은 베스트셀러가 되었다. 그가 '필수 사항'으로 제시한 인명, 관용, 연대, 개념은 무려 6천 개가 넘었다. 같은 해에 또 다른 학자 앨런 블룸은 「미국 지성의 종말」(*The Closing of the American Mind*)이란 베스트셀러를 출판했다. 블룸은 문화적 교양의 상실 이상의 것을 한탄했지만, 교육 영역에서 공통 분모로 돌아가자는 허시의 목소리에는 뜻을 같이했다. 이들은 교육의 본질과 교양의 의미를 둘러싼 전국적 논쟁에 불을 붙였다. 그런 지식의 형태와 내용을 둘러싸고 온갖 질문이 쏟아졌으며, 교육이 과연 그런 것들로 환원될 수 있는지 의문이 제기되었다. 그럼에도 중심 논제는 변함이 없었다. **우리가 꼭 알아야 할 것들이 있다**는 것이다.

그들은 옳았다.

문화적 교양을 제공하는 일단의 지식이 존재한다. 더 나아가, **기독교적** 교양을 제공하는 것도 있다. 이런 이유로 나는 신학 교수로서 어떤 것은 가르치고 어떤 것은 가르치지 않으며, (다른 교수들과 함께) "너희는 시험을 위해 이것을 꼭 알아야 한다"고 주지시키는 것이다. 교육에 내재된 생각은 꼭 알아야 할 사실들, 꼭 읽어야 할 책들, 꼭 공부해야 할 생애들, 꼭 기억해야 할 사건들, 꼭 이해해야 할 사상들이 존재한다.

그러면 그것들이 무엇인가?

성경적 교양 지식. 교회는 처음부터 신자가 꼭 알아야 할 것이 무엇인지를 파악해야 했다. 누가는 마태, 마가, 요한과 더불어 예수님의 **핵심** 가르침과 사건들을 다 함께 엮는 일이 중요하다고 생각했다. 그래서 요한은 "예수께서 행하신 일이 이 외에도 많으니 만일 낱낱이 기록된다면 이 세상이라도 이 기록된 책을 두기에 부족할 줄 아노라"(요 21:25)라고 말했다.

그리고 하나님은 복음서들을 넘어서는 핵심 지식도 중요하다고 여겨 성경의 나머지 부분도 주신 것이다. 하나님은 율법을 십계명으로 축약하셨고, 우리도 그 내용을 알 필요가 있다. 뿐만 아니라 예수님의 산상수훈, 일곱 교회에 보낸 일곱 편지, 잠언의 지혜, 위대한 신학 논문인 로마서, 요한복음의 전도 메시지, 이 밖에 정경에 포함된 다른 것들도 알아야 한다.

따라서 교육 혹은 배움에의 헌신의 출발점은 성경 지식이다. 전반적인 교양 지식에 비추어 보면, 이 분야야말로 교회가 가장 잘한 영역이고, 가르침의 은사가 가장 돋보인 영역이며, 그리스도인들이 가장 열심히 배운 영역이 아닐까 한다. 하지만 우리는 언제나 성경적 **문맹**에서 불과 한 세대 떨어져 있을 뿐이다. 성경을 배우는 일은 교육에의 헌신의 선봉에 서 있는 도전거리다. 요컨대 우리는 성경을 배우는 학생이 되어 성경을 가르치는 선생들 무릎 아래 앉아 하나님의 말씀을 깊이 배우지 않으면 안 된다.

역사적 교양 지식. 성경 지식 이외에도 우리가 알아야 할 역사상의 특정 사건들, 특히 기독교 역사에서 일어난 (흔히 그리스도인이 간과하는) 사건들이 있다. 시기와 인명과 장소를 아는 것뿐 아니라, 그보다 더 중요한 것은 그 **의의**를 아는 일이다.

역사는 흔히 말하듯이 '그분의 이야기'(his story)다. 세상에서 행하신 하나님의 활동을 담은 이야기라는 뜻이다. 역사를 무시하면 그것을 반복하는 벌을 받는다는 것이 상식이다. 아니, 역사를 무시하는 것은 우리 세계와 그것을 만든 사람들, 우리를 이 곳까지 인도해 온 사건들의 흐름을 무시하는 것이다. 그런 지식도 없이 기독교적 지성이 작동한다는 것은 상상하기 어렵다.

기독교 신앙은 궁극적 권위를 삼위일체 하나님께 둔다. 삼위일체는 무엇보다 성경에 계시되어 있지만, 기독교 유산을 따라 그것이 어떻게 전해져 왔는지도 깊이 이해할 필요가 있다. 역사는 규범적인 것이 아니라 지식을 전달한다는 면에서 성경에 비해 부차적인 것임이 분명하지만 **정보를 주는 역할**은 확실히 한다. 역사는 시간의 흐름을 역행하면서 더 나은 지성들에게 귀를 기울인다. 우리는 때로 오늘의 문제가 이전에는 없었던 것처럼 생각하지만, 그것은 큰 착각이다. 교회는 우리가 겪는 대부분의 문제들과 이미 씨름한 바 있으며, 그 '씨름들'을 탐구하는 일은 충분히 가치 있는 작업이다. 그렇지 않으면 스스로 오랜 세월 축적된 지혜와 통찰로부터 단절되고 만다.

그러면 적어도 기독교 역사와 관련하여 어떤 사건들을 알아야 할까? 역사가 마크 놀은 다음 열두 가지를 가장 중요한 것들로 제안했다. 예루살렘의 멸망(주후 70년), 니케아 공의회(325), 칼케돈 공의회(451), 베네딕트 규칙(530), 샤를마뉴 대제의 대관식(800), 동교회와 서교회의 '대분열'(1054), 보름스 의회(1521), 잉글랜드의 국왕 지상권 확인령(1534), 예수회의 창설(1540), 웨슬리 형제의 회심(1738), 프랑스 혁명(1789), 에든버러 선교 대회(1910).

이 사건들을 비롯한 많은 사건들이 교회를 형성하는 데 결정적 역할을 했으며, 교회와 세상의 관계에도 결정적 영향을 미쳤다. 이 사건들의 의의를 이해하는 일이 세상과 긍정적이고 생산적인 관계를 맺는 데 필수 불가결하다. 그것을 이해하지 못하는 것은 마치 한참 진행되고 있는 대화에 이전에 오간 얘기를 모른 채 합류하는 것과 같다.

신학적 교양 지식. 성경 지식과 역사 지식 다음으로 신학적 지식이 필요하다. 신학이라는 단어는 그리스어 *theos*(하나님)와 *logos*(말)의 합성어다. 즉 신학은 '하나님에 관한 말'이라는 의미로서, 하나님과 하나님에 관한 것들에 대해 말할 수 있는 내용을 정리하고자 하는 시도다. 성경은 하나님의 계시이고, 역사는 이제까지 더 나은 지성들이 그것과 어떻게 씨름했는지를 보여 주며, 신학은 그것들을 모두 묶어 인생에 대한 커다란 질문들과 영성의 문제에 적용한다. 성경이 우리에게 '무엇'의 부분을 얘기해 준다면, 신학은 그 무엇이 의미하는 바를 알려 주려는 것이라 할 수 있다.

신학은 전통적으로 이 작업을 크게 열 가지 범주로 나누어 실행해 왔다. 1)하나님의 존재, 본성, 속성(고유한 신학), 2)계시(성경의 영감과 권위), 3)창조와 섭리, 4)인간과 인간의 본성, 5)원죄와 자죄, 6)그리스도의 인격과 사역, 7)죄와 은혜, 8)성령의 인격과 사역, 9)교회, 10)종말

이 각 영역을 탐구하고 이해하는 것은 대단히 중요하다. 우리는 성경의 하나님을 믿는다고 말한다. 그런데 그분은 어떤 하나님인가? 인격적 존재인가, 비인격적 존재인가? 관심을 가진 존재인가, 무관심한 존재인가? 우리는 성경을 믿는다고 말한다. 어떻게 믿는가? 오류가 없는 진리로 믿는가, 비교적 믿을 만한 안내자로 믿는가? 우리가 성경의 영감을 믿는다고 할 때, 바흐의 브란덴부르크 협주곡이 '영감을 받아' 만들어졌다는 의미에서 그렇다는 뜻인가, 그 이상인가? 우리는 창조를 믿고 사람이 하나님의 형상으로 만들어졌다고 믿는다. 그 의미는 무엇인가? 그 형상은 어디에 있는가? 생명은 언제 시작되는가? 생명에 가치를 부여하는 것은 무엇인가?

이런 것이 신학적 질문이다. 우리 지성이 분화에 맞서 싸우기 전에 먼저 건전하고 살아 있는 기독교 신학을 통해 근거를 마련할 필요가 있다. 그래서 신학은 중세 내내 학문의 '여왕'이라 불렸다. 그보다 더 가치 있는 분야와 주제가 없었던 것이다.

교육의 기회

교육에 관해 얘기하는 것과 실제로 교육을 받는 것은 물론 별개의 문제다. 그러면 신학이나 교회사를 배우려면 어디로 가야 하는가? 과거에는 교회와 (교회를 섬기는) 신학교에서 그런 일이 가능했지만 안타깝게도 그런 시절은 거의 지나갔다. 따라서 지금은 교회와 신학교가 이런 도전 앞에서 일어나야 할 때다.

감사하게도 그런 곳이 많이 생겼다.

교회가 갈수록 그리스도인에게 그 지역의 대학과 같은 교육 현장이 되고 있다. 내가 속한 교회는 어른들에게 신학에서 기초 성경 공부, 교회사에서 책별 공부에 이르는 다양한 과정을 매학기 제공하고 있다. 이런 배움의 기회는 주일 예배와 수요 예배, 그리고 소그룹 모임에 이어 삼발이의 '셋째 다리'로 여겨지고 있다.

신학교들은 이제 표준형 교육 방식을 벗어나 폭넓게 생각하기 시작했다. 규모가 비교적 큰 신학교 가운데는 미국 전역의 인구 분포가 높은 곳에 분교와 지부를 세우는 경우가 많아졌다. 인터넷을 통해 원거리 학습 프로그램을 제공하는 학교는 더 많다. 또 어떤 학교들은 오디오 강의와 강의 개요를 담은 CD-ROM, 연구 가이드, 연구 질문, 참고 도서 목록 등을 제작한다. 또 웹 사이트를 통해 자료를 제공하고 학생들끼리, 또 학생과 강사 사이의 상호 교류를 증진하고 있다.

우리는 지성을 개발하는 데 전통적인 기관에만 의존할 필요는 없다. 오디오 저널, 멘토링 프로그램, 독서 토론 모임, 지역 주민을 대상으로 한 대학, 온라인 도서관, 연구 프로그램 등이 주변에 널려 있다.

문제는 그것들을 잘 활용하는 것이다.

교육과 교육자

우리가 알다시피, 교육의 중요성은 교육자의 중요성을 부각시킨다. 교회나 신학교 내에서뿐 아니라 학문 기관 전반에 걸쳐 그렇다. 평생 배우기로 다짐한 그리스도인들은 교육자의 소명을 높이 평가해야 한다. 왜냐하면 그 소명에 응답하는 일이 너무나 시급한 상황이기 때문이다.

최근에 브루클린 대학의 한 교수가 종교인을 "도덕적 지체아"로 묘사했다가 강력한 비난에 부딪혀 학과장 출마를 포기했다. 그는 온라인 저널에 기고한 글에서, 종교적인 사람들은 도덕적 행동을 할 능력이 없고, 특히 "자기 의(義), 과대망상증, 증오"가 그리스도인의 특징이라고 주장했다. 그 글에 앞선 판에서는 "그리스도인은 자기네 신앙이 사랑에 기초하고 있다고 주장하지만, 그들은 곧 당신을 죽이고 말 것이다"라고 노골적으로 적었다. 심지어는 그리스도인에게 어린이 성추행 성향이 다분히 있다고까지 했다.

안타깝게도 이런 어처구니없는 캠퍼스 수사학은 심심찮게 제기된다. 그리스도인과 학계의 관계는 상당한 도전거리임에 틀림없다. 그러나 항상 그랬던 것은 아니며, 사실 바뀔 수도 있다. 따라서 그리스도인이 교육을 받을 뿐 아니라 학계 내에서 학자의 소명을 추구하는 일이 시급히 요청된다. 차세대 학생들을 섬기고 준비시키는 가운데 그 영역에서 하나님을 위해 영향력을 미치려는 뚜렷한 목적을 품고 그렇게 해야 한다.

앞서 언급한 브루클린 대학은 학생이 만오천 명 이상이나 되며 최근에 75주년 기념 행사를 했다. 이 대학은 "프린스턴 리뷰"(*Princeton Review*)가 선정한 미국 내 대학기관 중 최고의 가치관을 가진 열 개 대학 중 하나로 뽑혔다. 그런데 사실은 그 이상이다. 여러 노련한 관찰자들에 따르면, 다른 고등 교육 기관과 마찬가지로 이 대학도 그리스도께 응답한 준비가 된 학생들로 가득 찬 선교지다. 그리고 이 대학 학생회장인 다니엘 토버(Daniel Tauber)는 "나는 높은 지위에 있는 교수들이 종교적인 사람들을 도덕적 지체아로 믿지 않는 날이 오기를 기다린다"고 한탄했다.

「기독교적 학문 연구 @ 현대 학문 세계」(*The Outrageous Idea of Christian Scholarship*, IVP 역간)에서 역사가 조지 마스덴(George Marsden)은 "오늘날의 대학 문화는 그 중심이 텅 비어 있다"고 말한다. 한 하버드 법과대학 교수는 많은 교수들이 "신앙은 잃고 직장은 붙들고 있는 사제들"과 같아졌다고 말한 적이 있다. 마스덴은 종교적 신앙과 학문 사이에 명시적인 토론을 나눌 필요가 굉장히 크다고 주장하는데, 이런 일이 있으려면 먼저 그리스도인이 대학으로 부르시는 하나님의 소명에 응답해야 한다. 그리고 그 자리에서 하나님을 믿는 믿음, 곧 기독교적 세계관과 모든 사유 활동을 연결시키는 일을 해야 한다.

그런데 애통하게도 그리스도인 학자들조차 자기 신앙과 학문 생활의 관계에 대해 깊이 성찰하지 않고 있다고 마스덴은 지적한다. 만일 그렇게 한다면 무슨 일이 벌어질까? 자기를 뒤따라오는 수천 명의 학생에게 좋은 모델이 되고, 또 그들도 차세대 학생들에게 그런 모델이 된다면 어떻게 될지 상상해 보라.

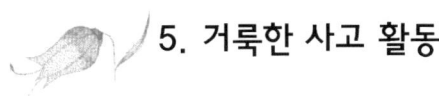# 5. 거룩한 사고 활동

"삶은 앞으로 나아가는 것이지만 생각은 뒤를 돌아보는 것이다."

죄렌 키에르케고르

교황 요한 바오로 2세는 열네 번째 회칙 「신앙과 이성」(*Fides et Ratio*)에서 철학자들이 더 이상 인생에 관한 큰 질문과 씨름하지 않는다고 실망감을 표시했다. 인생의 의미는 무엇인가? 삶에는 목적이 있는가? 죽음이 끝인가? 하나님이 존재하는가? 등과 같이 우리가 누구인지를 가장 잘 규정해 주는 질문들 말이다. 철학자들이 그렇다면 나머지 사람들은 어떨지 충분히 상상할 수 있다.

성찰한다(reflect)는 말은 어떤 것을 깊이 생각하되 '아하!' 하고 무언가 깨달음이 올 때까지 숙고하는 것을 뜻한다. 어떤 개념에 몰입하여 그것이 마음속 깊은 데서 타오를 때까지 품고 있는 것이다.

어떤 의문을 취해서 마치 야곱이 천사와 씨름하듯이 모종의 해답이 떠오르기까지 그것을 포기하지 않는 것이다. 기독교적 성찰은 읽은 것, 배운 것, 제안된 것, 전파된 것을 취해서 성경적 세계관에 맞대어 보는 것을 뜻한다. 즉 기독교적으로 상고하는 일이다.

우리가 사용하는 **학자**(scholar), **학문**(scholarship)이라는 말은 본래 라틴어 *schola*에서 온 단어들인데, 이는 '자유 시간'이라는 뜻이다. 그러니까 지적인 발달을 위해 한가한 시간을 성찰 행위에 쓴다는 중요한 의미가 담겨 있다. 지성을 배양하려면 그 일에 필요한 시간을 확보해야 한다. 대부분은 그것이 공부에 집중할 시간을 의미한다고 생각하지만 사실은 공부할 시간과 더불어 공부한 것을 **성찰할** 시간도 포함한다. 그렇지 않으면 우리는 말콤 글래드웰(Malcolm Gladwell)의 유명한 표현처럼 "흘끗 보는"(blink) 정도에 그칠 것이다. 즉 어떤 것에 대해 **충분히** 생각하지 않고 순간적으로 평가한 다음 그에 따라 반응하기 쉽다는 말이다.

헨리 나우웬(Henri Nouwen)은, 그토록 많은 사람이 그토록 많은 다른 사람에게 지원과 조언과 상담을 부탁한다는 사실은 그들이 대체로 성찰의 연습을 끊었기 때문이 아닐까 하고 통찰력 있게 지적한다. 때로는 "세상의 반쪽이 다른 반쪽에게 조언을 부탁하지만, 실은 양쪽 다 어두움 속에 앉아 있는 것 같다"고 느낄 때가 있다고 말한다.

성찰의 과정은 그리 어렵지 않다. 기독교적 성찰에는 침묵과 고독, 기도, 성경에 몰입하는 시간이 포함된다. 맨 먼저 대화와 조언, 읽기와 경험을 취한다. 물론 모든 성찰에서 최고의 권위는 성경에 부여해야 하지만, 성찰이 성경 공부로 환원되어서는 안 된다. 복잡다단한 세상과 그 속에서 영위되는 우리의 삶은 성경에 의존하면서도 성경의 적용을 필요로 하는데, 적용은 성찰만이 가져다줄 수 있는 것이다.

내가 학생들에게 자주 도전하듯이, 성경은 우리가 **꼭** 알아야 할 것은 모두 주지만, 알 만한 것을 모두 주지는 않는다. 가령 성경을 생명 윤리에 적용하려면 창조, 인간됨의 의미, 인간 생명의 신성함에 관한 성경의 가르침을 알고, 이런 진리가 오늘날의 기술 진보와 여러 기회에 비추어 어떤 함의를 지니는지 성찰하는 일이 필요하다. 털썩 주저앉아 "성경은 생명 윤리에 대해 아무 말도 하지 않아" 하고 단언하는 것은 옳지 않다. 성경이 말하는 것이 분명히 있다. 하지만 그것을 적용하는 데는 성찰의 각오와 훈련된 지성이 필요하다. 위대한 기독교 사상가들은 그런 성찰의 시간을 보낸 사람들이라고 보면 된다.

성찰은 통찰을 주는 것 외에 사물을 인지하는 예민함도 가져다준다. 달리 얻을 수 없는 예리한 통찰력, 곧 세상에 대한 직관적 판단력도 제공한다. 옥스퍼드에 있을 때 저명한 추리소설 작가 P. D.

제임스(James)가 기독교 신학과 추리소설의 상호 작용에 관해 강연하는 것을 들은 적이 있다. 제임스는 어떻게 그리스도인으로서 살인에 관한 글을 쓸 수 있는지 종종 질문을 받는다면서, 자기는 죄를 포함한 인간 조건에 관해 쓰는데, 살인이 그 조건을 가장 선명한 빛 가운데로 데려온다고 말했다. 그는 사실과 허구를 분리시키는 것을 좋아한다고 말하면서, 세상은 성찰에 뿌리박은 명료한 사고를 필요로 하는데, 이는 "우리가 사는 세상에는 멋지게 보이지만 진실이 아닌 것이 많기 때문"이라고 덧붙였다. 성찰이 하는 역할이 바로 사실과 허구, 멋진 것과 진실한 것을 구별하는 것이다.

매체를 한번 생각해 보라. 이것이 그리스도인의 성찰 작업을 방해하는 가장 큰 도전거리가 아닐까 생각된다. 매체는 기본적으로 우리에게 무엇을 생각해야 할지 또 그것에 관해 어떻게 생각해야 할지를 모두 일러 준다. 사회학자 크리스티안 스미스는, 우리가 '문화', '매체', '텔레비전', '할리우드'에 관해 얘기할지 모르지만, 좀 체계적으로 생각해 보면 이런 것이 모두 인간 자아를 특정한 방식으로 구성하는 어떤 세계관을 일컫는 완곡 어법임을 알 수 있다고 한다. 그것은 곧 자율적이고 이성적이며, 자기 중심적이고 이해 타산을 따지는 소비자로서의 모습이다. 이는 도덕적 질서를 특정한 가정(假定)과 이야기들, 신념과 믿음, 가치와 목표로 구성하는 것이다.

말콤 머거리지(Malcolm Muggeridge)는 아침 방송 출연을 위해 테레사 수녀를 모시고 뉴욕 TV 스튜디오에 간 얘기를 들려준다. 테레사는 텔레비전 스튜디오 방문이 처음이었기 때문에 곳곳에서 쏟아지는 광고물에 전혀 무방비 상태였다. 그 날따라 광고마다 저지방과 저칼로리를 선전하는 식품 일색인 것이 머거리지의 눈에 들어왔다. 테레사는 도무지 못 믿겠다는 표정이었다. 그녀가 하는 일은 굶주린 자에게 영양분을 공급하고, 뼈에다 살을 붙이는 작업이었다. 어느 순간 테레사는 뜬금없이 "아, 그리스도가 텔레비전 스튜디오에 필요하다는 걸 알겠어요" 하고 소리쳤다.

스튜디오에 있던 모든 사람은 어안이 벙벙해지고 말았다. 매체가 만들어 놓은 공상 세계 한복판에 갑자기 현실이 침입하는 순간이었다고 머거리지는 회고한다.

누군가 잠잠히 현실이 무엇을 함축하는지 성찰하는 일이 필요하다. 현재 매체가 세상과 우리들 마음에 미치는 영향을 감안하면, 문화적 담론(보통 매체를 통해 일어나는)을 성찰하는 일은 지극히 중요하다. 우리 가운데 광고의 내용을 재고하는 사람은 아주 드물고, 테레사에게 너무도 뻔했던 그 메시지를 숙고하는 이는 더더욱 드물다. 그렇지만 성찰 훈련을 거친 기독교 지성이 힘을 발휘해야 할 곳이 바로 그 곳이다. 그런 곳에 가장 필요하다는 뜻이다. T. S. 엘리엇이 비판했듯이, "이교 사상이 가장 값비싼 광고 공간을 다 차지하고 있기" 때문이다.

우리는 문화가 우리에게 알아야 한다고 일러 주는 내용만 성찰해서는 안 된다. 우리에게 **느끼라고** 일러 주는 것도 성찰해야 한다. 당신은 누군가에게 어떤 식으로 느끼도록 조장함으로써 그런 느낌을 **통해** 어떤 믿음을 갖게 할 수 있다. 다이애나 공주가 죽었을 때 앤드류 모튼(Andrew Morton)은 ABC 뉴스 시간에 이렇게 말한 적이 있다. "다이애나의 죽음은 20세기 후반의 최대의 사건은 아니더라도 가장 끔찍한 비극 중 하나다. … 그녀의 죽음 안에서 우리 속의 무언가도 함께 죽었다. … 사람들은 잃어버린 소원, 잃어버린 꿈, 잃어버린 야망을 슬퍼하고 있다."

이는 대단히 감정적인 반응이다. 슬퍼하고 우는 장면만 계속 보게 되면 그것이 역사적으로 대단한 사건인 것처럼 느끼게 된다. 그러나 사실은 그렇지 않다. 나는 다이애나에 대한 반감은 전혀 없으며, 그녀의 죽음을 애도하는 이들에 대한 반감은 더더욱 없다. 단, 그녀의 죽음은 지난 50년 동안 일어난 비극들(베트남 전쟁, 체르노빌 사건, 천안문 사태, 우주선 챌린저 호의 폭발 등)을 무색케 하는 그런 비극과는 거리가 멀 뿐 아니라, 그녀는 다른 인물들, 가령 같은 주간에 죽은 테레사 수녀의 삶과 비교해 봐도 별로 대수롭지 않은 인생을 살았다고 할 수 있다. 흔히 얘기하듯이 그녀는 유명세를 탔기 때문에 유명해진 인물이다. 그럼에도 그녀의 죽음은 매체가 우리를 그런 식으로 **느끼도록** 유도하는 통에 테레사의 죽음을 크게 가리고 말았는데, 테레사가 아니라 다이애나 공주가 성인(聖人)으로 봉축되어야 한다는 말이 나올 정도였다.

이 밖에도 매체가 우리의 정서를 유도하는 방법은 여러 가지다. 가장 강력한 방법의 하나는 반복해서 보여 주는 것이다. 특정한 선택이나 생활 방식을 우리 앞에 거듭 내놓는 방법이다. 그럴 경우 우리는 마침내 현실과 진실에 아주 둔감해져서 그런 선택과 생활 방식을 정상으로 받아들이게 된다. 그 반복 행위가 인기 있는 인물을 통해 나타날 경우에는 영향력이 훨씬 더 커진다.

성적인 행위가 가장 좋은 본보기다. MTV는 젊은이를 대상으로 저속하고 관능적인 프로그램을 줄곧 방영한다고 비난을 받곤 하는데, 그런 비난에는 타당성이 있다. 2004년 3월 부모들의 텔레비전 협의회(PTC)가 한 주간에 방영된 프로그램을 분석한 결과, 누드 혹은 성적인 장면이 3,056회, 섹스를 언급한 횟수가 2,881회에 달한 것으로 나타났다. 이 밖에도 저속한 대화로 '삑' 하는 경적이 울린 적이 3,127회, 미처 편집되지 않은 거친 언어가 등장한 경우가 1,518회에 달했다고 한다.

텔레비전은 전반적으로 성적인 성향을 갈수록 더 많이 띠고 있다. 카이저 패밀리 재단이 2004-2005년에 걸친 텔레비전 프로그램

5. 거룩한 사고 활동

을 조사한 결과에 따르면, 성적인 장면을 방영한 사례가 1998년 조사 때보다 거의 두 배로 늘어났다고 한다. 지금은 열 가지 쇼 가운데 일곱 가지가 성적인 내용을 담고 있으며, 매 시간 섹스 장면이 평균 다섯 번이나 등장한다.

매체에서 혼전 성교의 장면을 부부 성교의 장면보다 더 많이 방영하게 되면(이는 여러 차례의 조사로 이미 입증된 사실이다) 자연스레 혼전 성교가 우리 생각 속에 정상적인 것으로 자리 잡는다. 등장 인물들이 서로 만나자마자 성교로 돌입하는 장면이 방영되면(이런 장면이 1998년과 2004년 사이에 두 배로 늘었다) 그런 행위가 점차 주된 흐름인 것처럼 비치게 된다. 할리우드 역사에서 가장 성공한 영화 제작자로 꼽히는 조지 루카스(George Lucas)는 말했다. "좋든 싫든 간에…영화와 텔레비전은 어떻게 사는 것이 옳고 어떤 것이 그른지 우리에게 일러 주고 있다."

언젠가 영화 감독 올리버 스톤(Oliver Stone)이 아메리칸 대학에서 한 강연록을 읽은 적이 있다. 스톤은 "킬러"(Natural Born Killer), "플래툰"(Platoon), "JFK" 등의 영화로 잘 알려진 사람이다. 누군가 그에게 특히 "JFK"와 같은 영화(케네디 암살 사건에 바탕을 둔 다큐멘터리 영화)에서 사실상의 오류와 왜곡이 많은 이유를 묻자, "사람들은 책을 읽어야 하는"것이지 영화가 무엇이 진실인지 최종 결론을 내리면 안 된다고 응답했다. "아무도 세 시간짜리 영화를 보고 나서, '저게 진짜야' 하고 말하지 않을 것"이라고 그는 말했다.

그러나 스톤의 예상은 틀렸다. 사람들은 실제로 그렇게 말하기 때문이다. G. K. 체스터턴(Chesterton)은 H. G. 웰스(Wells)에게 재치 있게 이야기했다. "생각을 여는 목적은, 입을 여는 경우처럼 무언가 단단한 것 위에 다시 닫게 하기 위함이다." 흔히 전자 세계가 "생각의 속력을 증가시켰다"고 얘기하는데, 우린 그것을 감당할 수 없다. 키에르케고르가 언젠가 말한 것처럼, "삶은 앞으로 나아가는 것이지만 생각은 뒤를 돌아보는 것이다."

통합된 세계관

그와 같은 성찰 작업을 하려면, 삶의 전 영역을 다루지 못하는 일종의 구획화에 빠지지 말고 사물에 대한 통합된 의식을 가져야 한다. 구획화된 지성이란 삶을 여러 범주(직업, 가정, 유선 방송, 경건의 시간, 신문의 경제란, 인터넷 등)로 나누되 **전혀 통합시키지 않는** 지성을 일컫는다. 그럴 경우 한 분야에 대한 생각이 다른 분야에 대한 생각과 연결되지 않는다.

어떤 사람은 그리스도인이면서도 과학이나 테크놀로지를 신앙에 비추어 성찰하지 않을 수 있다. 이보다 더 나쁜 경우는, 신앙에 비추어 과학이나 테크놀로지를 성찰할 **생각**조차 해 보지 않은 경우다. 그 결과 생명 윤리와 관련된 이슈들이 인간 본성과 생명의 신성함을 성경에 비추어 성찰해 온 기독교적 지성과 만나는 경우가 무척 드물다. 그 대신 우리는 CNN이 여러 과학적, 기술적 진보가 삶의 질과 관련해 어떤 의미가 있는지 얘기해 주는 것을 들을 뿐이다. 우리는 그 발전상에 놀라면서 우리가 그 비용을 과연 감당할 수 있는지 걱정하게 된다. 과학의 세계는 신앙의 세계와 분리되어 버린다. 이것이 바로 마이클 크라이튼(Michael Crichton)의 소설과 그에 따른 영화 "쥬라기 공원"(Jurassic Park)에 내재되어 있는 비판점이다. "당신은 당신이 할 수 있는 일을 좇아가느라 너무 바빠서, 잠시 멈춰 당신이 그것을 해야 하는지 스스로 물어본 적이 한 번도 없소." 과학자 이안 말콤(제프 골드브럼 분)이 공원 창설자에게 하는 말이다.

학문의 경우만 해도, 문제는 사실 자체가 아니라 사실에 대한 성찰적 해석을 둘러싸고 제기된다. 조지 마스덴은 리틀 빅혼 전투를 예로 든다. 두 역사학자가 그 세부 사항에 대해서는 완전히 의견이 일치할 수 있다. 언제 어디서 그 사건이 일어났는지, 양편에 얼마나 많은 사상자가 났는지, 그리고 누가 먼저 첫 총격을 가했는지 등등. 그런데 그 전투에 대해 한 학자는 커스터가 미국 서부에 평화를 가져오기 위해 마지막까지 버틴 영웅적 사건으로 보는 반면, 한편 다른 학자는 미국 원주민이 야만족의 침략에 대항하여 승리를 거둔 사건으로 볼 수 있다. "어떤 차원에서는 그런 차이점이 단순히 당파적 견해처럼 보일지 모르지만, 더 깊은 차원에서 보면 이 세상이 무엇인지 혹은 어떠해야 하는지에 관한 거시적 차원의 신념과 관련이 있다"고 마스덴은 말한다. 마크 놀은 "지성의 삶"을 거론하면서 이런 생각의 포괄적 성격을 묘사하고 있다.

내가 말하는 복음주의적 '지성의 삶'이란…경제학과 정치학, 문학 비평과 상상적 글쓰기, 역사적 탐구와 철학 연구, 언어학과 과학사, 사회 이론과 예술 등 현대 학문 전반에 걸쳐 그리스도인 답게(구체적으로 기독교적 틀 안에서)생각하려는 노력을 일컫는다.

이것이 기독교적 세계관의 개념이다. 세계관(worldview)이라는 용어는 독일어 Weltanschauung(문자적으로는, '세계 인식'이란 뜻)에서 나온 말로서, 다른 관념들의 판단 기준으로 사용하는 일련의 관념들 이상의 의미를 갖고 있다. 진 에드워드 비스(Gene Edward Veith)가 쓴 것처럼, "그것은 인간의 표현 활동 전 영역에 기독교적 관점에서 건설적으로 관여하는 방식"이다. 혹은 미국이 낳은 최고의 지식인으로 평가되는 조나단 에드워즈(Jonathan Edwards)가 주장한 것처럼, 어떤 지성이든 기본 목표는 "우리 생각을 한결같이 하나님의 생각과 맞추기"위해 진력하는 것이다.

그러므로 기독교적 지성은 제임스 사이어(James Sire)가 제시한 세계관 관련 일곱 가지 질문에 전혀 다르게 대답할 수밖에 없다. 궁극적 실재는 무엇인가? 우리를 둘러싼 세계의 본질은 무엇인가? 사람이 된다는 것은 무엇을 의미하는가? 내가 죽을 때 무슨 일이 일어나는가? 우리가 무엇이든 알 수 있는 토대는 무엇인가? 우리는 옳고 그른 것을 어떻게 구분하는가? 역사의 의미는 무엇인가? 또 좀더 신학적 관점에서 찰스 콜슨과 낸시 피어시(Nancy Pearcey)가 제시한 질문들도 있다. 우리는 어디서 왔으며 우리는 누구인가? 이 세계는 무엇이 잘못되었는가? 그것을 고치기 위해 무엇을 할 수 있는가? 우리는 이제 어떻게 살아야 할까?

이 가운데 가장 기본적인 질문, 우리는 어디서 왔는가에 대한 기독교의 대답을 생각해 보자. 우리가 택할 수 있는 대답이 몇 가지 있다. 1)우리는 우연히 존재하게 되었다(자연주의의 주장), 2)우리는 정말 존재하는 것이 아니다(힌두교의 응답), 3)우리는 하나님의 말씀으로 존재하게 되었다. 만일 어떤 이들(DNA를 발견한 프랜시스 크릭 같은 사람)이 우리는 다른 유성에서 온 다른 종족이 여기에 씨를 뿌린 결과라고 주장한다면, 그들은 그 다른 종족의 존재를 증명해야 할 것이다. 이런 의미에서 "우리는 어디서 왔으며 우리는 누구인가?"라는 질문에 대한 기독교의 대답은 다른 누구도 주지 않는 사고의 토대를 마련해 준다고 할 수 있다. 우리는 창조된 존재이므로 각 사람은 가치를 갖고 있고, 각 인생마다 의미와 목적이 있다는 것이다.

우리의 존재 바깥에 누군가 존재하고 있으며 그는 우리의 권위가 된다는 것이다.

바로 이런 대답 때문에, 마틴 루터 킹(Martin Luther King Jr.)은 버밍햄 감옥에서 다음과 같은 불멸의 글귀가 담긴 편지를 쓸 수 있었다.

두 유형의 법이 있다. 의로운 법과 불의한 법. … 의로운 법은 도덕법 혹은 하나님의 법과 조화를 이루는, 인간이 만든 법령이다. 불의한 법은 도덕법과 어긋나는 법령이다. … 인간의 인격성을 드높이는 법은 모두 정의롭다. 인간의 인격성을 끌어내리는 법은 모두 불의하다. 모든 인종 차별 법규는 불의한데, 그것은 인종 차별이 영혼을 뒤틀고 인격을 손상시키기 때문이다.

킹의 논리는, 다른 인간들이 무슨 말을 하든 상관없이 하나님이 모든 인간에게 주신 존엄성과 가치에 기초하고 있다. 그는 인간의 법 위에 있는 법의 권위를 주장했다. 다른 어떤 세계관도 킹에게 그런 주장의 토대를 줄 수 없었을 것이다. 그리고 그와 같은 세계관으로 인해 세상이 변화되었다.

문제는 킹의 세계관과 같은 세계관이 갈수록 보기 드물다는 사실이다.

성찰이 없는 삶의 위험

베일러 대학을 갓 졸업한 사람이 어느 교수에게 털어놓기를, 그 대학 과정이 자기에게 진지한 사고 활동이나 진지한 삶을 요구하지 않았다고 한다. 4년 간 배우면서 수많은 정보는 입수했으나 **사고하는 일**은 거의 하지 않았다고 고백했다. 인생을 좌우할 만한 책과 사상을 붙들고 씨름하지 않았다는 말이다. 우등생으로 졸업했으나 커다란 도덕적, 종교적 의문에 접하거나 인생을 심각하게 재고할 필요성이 없었다고 했다. 그래서 워커 퍼시(Walker Percy)의 경우, "당신은 모두 A 학점을 받고도 인생은 낙제할 수 있다"는 말이 정말 옳다고 시인했다.

그리고 이런 식의 낙제는 악몽 같은 시나리오로 전개될 수 있다.

남가주 대학 교수인 케이 호가드(Kay Haugaard)는 "고등교육신문"(The Chronicle of Higher Education)에 다음과 같은 무시무시한 보고서를 게재했다.

학생 스무 명이 학생들을 위한 수많은 문학 선집에 나오는 셜리 잭슨(Shirley Jackson)의 단편 소설 「제비뽑기」(The Lottery)에 관해 토론하고 있었다. 소설의 배경은 미국 농촌의 작은 마을이다. 마을 사람들이 다 함께 모여 풍년과 마을의 번영을 위해 외견상 순진한 의식을 치르고 있었고, 관심의 초점은 제비뽑기에 쏠려 있었다. 어머니와 아버지, 아들과 딸이 차례로 나와 종이 한 장씩을 뽑았다. 그들은 굉장한 불안감에 휩싸여 있었으며, 꽝이 나오면 안도의 숨을 깊이 내쉬었다. 그 때 문득 소설은 그 제비뽑기가 인간 제물을 고르는 과정이라는 무서운 사실을 밝힌다. 마침내 한 여성이 검은 점이 찍힌 종이를 뽑는다. 사람들은 그녀를 둘러싼 채 돌을 던져 그녀를 죽이고 만다. 그녀의 어린 아들조차 손에 자갈을 들고 있었다.

잡지 "뉴요커"(New Yorker)가 1948년에 이 글을 처음 발표했을 때 분노의 폭풍에 휩싸였다. 그 이야기의 도덕 관념(맹목적으로 사회적 관습을 '따라가는' 위험)은 히틀러에 맞서 싸웠던 세대에게 너무나 혐오스러운 것이었다.

그러나 세월은 변한다.

따스한 캘리포니아의 밤, 서늘한 바람 한 줄기가 호가드의 얼굴을 스치고 지나갔다. 그녀의 강의를 듣던 학생들은 아무런 도덕적 반응도 보이지 않았다.

"결말이 아주 멋있어!" 하고 한 여학생이 평했다.

"그게 그 사람의 문화의 일부라면… 그리고 그들에게 잘 맞는다면, [괜찮은 거야]" 하고 다른 학생이 맞장구를 쳤다.

호가드는 "그 순간 나는 포기해 버렸다"고 쓰고 있다. "표면상 똑똑한 학생 스무 명이 모여 있는 그 자리에서, 아무도 용감하게 나서서 인간을 제물로 바치는 관습에 반대하지 않는 것을 보았기 때문이다."

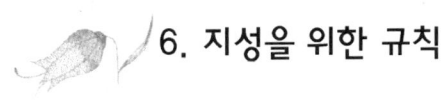# 6. 지성을 위한 규칙

"철은 쓰지 않으면 녹이 쓸고, 물은 가만히 두면 더러워지고 추운 데 두면 얼음으로 변하는 것처럼, 지력은 발휘하지 않으면 퇴화되고 만다."

레오나르도 다빈치

나는 최근에 철인3종경기를 위한 훈련 스케줄을 다운로드 받았다. 거기에는 얼마간의 기간 동안 몇 번의 연습을 하라고 기재되어 있었고, 대회가 가까워질수록 훈련의 강도와 시간이 더 늘어나는 것을 볼 수 있었다. 철인3종경기의 종목인 수영, 사이클, 마라톤을 번갈아 가며 연습하도록 요구했다. 훈련 프로그램과 함께, 중간 중간에 쉬는 날과 식이요법도 포함되어 있었다.

그 스케줄은 내가 그 계획대로 따라간다면 그 대회에 참가할 준비가 갖춰질 것이라고 확신시켜 주었다. 그런데 **내가 반드시 그 계**

획에 따라 훈련한다는 조건이 붙어 있었다. 내가 원하는 목표를 달성하려면 일련의 연습을 하기로 동의해야 하는 것이다.

신체적으로 어떤 목표를 달성하려면 그래야 된다는 것은 너무나 당연해 보인다. 우리의 직업과 관련된 목표나 재정 목표를 세우는 일도 그래야 될 것처럼 보인다. 그런데 우리의 영적인 삶과 관련해서는 그렇게 생각하는 것이 흔치 않고, 우리의 지성을 개발하는 면은 더더욱 그렇게 생각하지 않는다.

하지만 이것이 '규칙'이라 불리는 고대 영성 훈련의 성격이다. 그 유래는 베네딕트 수도원 창설 때로 거슬러 올라간다. 6세기 초 베네딕트는 수도사들이 거룩함에 이르도록 돕는 규칙을 마련하고자 했다. 베네딕트가 의도한 '규칙'은 최적의 영성 훈련을 위한 지침이었다. 토머스 무어(Thomas Moore)는 "사려 깊은 사람은 예외 없이, 그 생활 방식이 어떻든 상관없이 하나의 규칙을 갖고 있다"고 했다. 삶의 패턴 혹은 모델을 갖고 있다는 뜻이다.

우리 가운데 읽고, 배우고, 성찰하는 삶을 영위하는 사람은 극히 드물다. 우리는 가정, 직장, 공장 등에서 매주 40-50시간을 일하고, 학생의 신분이라 해도 공부에 쫓겨 거의 여분의 시간을 내기 어렵다. 빨래도 하고, 통장 정리에다 납부금 처리도 하고, 이메일도 읽고, 축구 시합에도 나가는 등 할 일이 쌓여 있다. 이것이 현실 세계이고 우리는 현실 속에서 살아간다. 우리가 **해야 할** 일과 우리가 **할 수 있는** 일은 전혀 별개의 것이라고 느낄 때가 많고, 둘 사이의 간격으로 인해 실망과 패배감에 빠질 때도 드물지 않다.

이것이 전부가 아니다. 우리가 일하는 현장은 흔히 궁극적 가치를 '성공'에서 찾고 돈을 신주단지처럼 모시고 있는 곳이다. 우리의 동료 대부분은 그리스도와 상관없이 살고 있다. 개인적으로 전도하기에는 안성맞춤일지 몰라도 우리의 지성과 관련해서는 그만큼 위험한 상황이다. 우리는 모든 생각을 사로잡아 그리스도께 복종케 하는 일을 수행하기가 지극히 어려운 환경에 몸담고 있는 셈이다. 우리의 딜레마는 지성을 개발할 시간이 없다는 것과, 시간을 보내지 않으면 안 될 그 곳은 그나마 우리에게 있는 약간의 기독교적 지성마저 갈가리 찢어 놓는다는 것이다.

우리는 지성의 개발이 영적인 훈련이라는 의식을 되찾을 필요가 있다. 우리는 강한 의도를 품고, 심지어 문화의 흐름을 거슬러 가며 이 훈련에 매진해야 한다. 그런데 안타깝게도 많은 그리스도인이 공부와 성찰 작업이 어떻게 영적인 훈련이 될 수 있는지 잘 모르고 있다. 달라스 윌라드(Dallas Willard)는 "우리를 그리스도 및 그분의 나라와 더 잘 협력하도록 이끌어 주는 것이면" **어떤** 활동이든 영적 훈련에 해당한다고 말한다.

바울은 로마의 그리스도인들에게 "이는 너희가 드릴 영적 예배니라. 너희는 이 세대를 본받지 말고 오직 마음을 새롭게 함으로 변화를 받으라"(롬 12:1-2)고 권면했다. 그리고 '변화를 받다'는 단어의 그리스어 동사의 시제는 현재 명령형이다. 그러니까 문자 그대로 지성이 **계속** 새롭게 됨으로 변화 받는 일이 '줄곧' 지속되게 하라는 뜻이다.

우리가 그리스도인으로서 계속 변화되는 일은 우리 지성이 그리스도의 빛에 비추어 줄곧 새롭게 되는 일에 참여하고 있느냐에 달려 있다. 우리의 지성은 아주 영적이기 때문에 지성의 개발은 영적인 훈련임에 틀림없다. 오스 기니스는 우리의 열정은 학문적 존경을 받기 위함이 아니라 예수의 명령에 충실해지기 위함이라고 했다. "기독교적으로 사고하는 일은 무엇보다 먼저 사랑의 문제다. 하나님과 그분의 세계에 관한 진리를 사랑하는 마음의 문제인 것이다."

규칙은 단지 높은 이상에 불과한 것이 아니라, 일상적인 결정을 내릴 때 좇아야 할 그 무엇이다. 만일 우리가 우리 삶에 어떤 의지나 의도를 부과하지 않으면 환경이 바뀌거나, '긴급한' 일이 생길 때마다, 혹은 무슨 요구가 있을 때마다 이리저리 시달릴 것이다. 그렇게 되면 앉아서 책을 읽거나, 무언가를 배우거나, 어떤 것을 성찰할 시간이 없어질 것이다. 우리는 다른 것들이 우리의 삶을 장악하기 전에 우리 자신이 주인 노릇을 해야 한다.

기독교적 지성을 개발하고 그것을 유지하려면 **진정한** 규칙이 필요하다. 우리의 지성을 최대한 연마하면서, 흩어진 삶의 파편들을 취해 하나님을 영화롭게 할 만한 공간과 시간을 빚어내는 데 필요한 그런 규칙 말이다. 그리고 규칙의 핵심은 **훈련**(discipline)이다. 규칙이란, 규칙 없이는 집중하기 힘든 것들에 집중하기 위해 따라야 할 일단의 행동 규범이다.

이런 의미로 보면 규칙이란 각각 다를 수밖에 없다. 또 우리 인생의 시기에 따라 규칙도 변할 것이다(젊은 어머니의 규칙은 손자까지 둔 여성의 규칙과 전혀 다를 것이다). 그리고 지적인 규칙, 신앙 생활의 규칙, 신체적 규칙 등도 서로 다르리라. 하지만 우리 모두에게 요구되는 것은, 삶의 질서를 잡을 목적으로 땅에다 말뚝을 박고 "나는 이렇게 하겠다"거나 "이것만은 지키겠다"고 결심하는 일이다.

규칙의 본질은 늘 급한 일에 쫓겨 시간을 허비하지 않기 위해 우리 삶에 부과하는 일련의 규율, 결정, 틀이다. 규칙을 통해 우리는 우리가 가장 원하는 것을 이룰 수 있다. 그렇게 하지 않으면 시간이 우리의 손에서 빠져나갈 것이다. 그다지 중요하지 않은 일, 가장 환호할 만한 일, 가장 유혹적인 일로 시간이 채워질 터이고, 하나님의 뜻에 따라 지성을 개발할 시간조차 없어질 것이다.

그렇다면 어떤 규칙이 필요할까?

독서의 규칙

수잔 와이즈 바우어는 토머스 제퍼슨(Thomas Jefferson)의 글귀를 빌려, 글을 읽고 쓸 수 있는 사람이면 누구나 독서의 규칙을 개발할 수 있다고 주장한다. "당신에게 필요한 것은 책이 가득 찬 책장과… '전적으로 독서에 바칠 수 있는 짬짬이 나는 시간'이다." 바우어는 아주 현실적인 독자의 냄새를 풍기며 몇 가지 재치 있는 제안을 한다. 아침이 저녁보다 낫다(피로와 싸울 필요가 있을까?). 짧게 시작하라(신체적 운동이 그렇듯이, 하루에 30분 이하로 시작해서 몸에 배게 하라). 매일 독서하겠다고 달려들지 말라(불가피한 일이 생길지 모르니 주 4일 정도로 잡으라). 책을 읽기 전에 절대로 이메일을 체크하지 말라(이메일을 사용해 본 경험이 있으면, 그것이 얼마나 정신을 산만하게 하고 시간을 잡아먹는지 알 것이다). 독서시간을 잘 지키라(정하고, 지키고, 보호하라). 첫 발을 **지금** 내디디라.

여기다 나는 세 가지를 덧붙이고 싶다(앞서 독서에 관해 다룬 장에서 제시한 것 외에). 혼란한 분위기에서 어떤 책, 특히 무거운 책을 읽으려 하지 말라. 굉음과 같은 음악 소리, 미친 듯이 날뛰는 아이들, 왱왱거리는 전화벨 소리 등과 같은 것은 도무지 이길 수 없다. 독서를 위해 시간만 확보해서는 안 되고, 질적인 시간도 확보할 필요가 있다.

둘째, 읽는 속도가 느리다고 실망하지 말라. 1년에 두세 권 읽어도 좋다. 속도는 많이 읽을수록 빨라지는 법이다. 이해력도 마찬가지다. 당신의 정신은 당신의 몸과 같다. 첫날에 1마일을 4분 만에 돌파한다든가, 스포츠 센터에서 보름 동안 연습한 다음 마라톤을 완주하길 기대하지 말라. 읽는 속도와 이해력의 향상은 시간이 지나면 따라온다. **반드시** 올 것이다.

끝으로, 책에 따라 읽는 방법도 다르다는 것을 알라. 모든 책을 처음부터 끝까지 읽을 필요는 없다. 이미 오래 전에 프랜시스 베이컨이 현명한 충고를 했다. "어떤 책들은 맛만 보면 되고, 어떤 것들은 그냥 삼키면 되고, 또 소수의 책은 잘 씹어 소화시켜야 한다." 책마다 그에 걸맞은 방식으로 읽으라. 이 분야의 고전은 모티머 애들러의 「독서의 기술」(*How to Read a Book*)이다.

이런 독서 습관을 기르면 얼마나 많은 것을 성취할 수 있는지 대다수가 놀랄 것이다. 퓰리처 상 수상자요 유명한 「문명 이야기」(*The Story of Civilization*, 11권)를 쓴 윌 듀란트(Will Durant)는 '교육용 양서 100권'을 선정한 바 있다. 그는 누군가 그 목록에 반응하길 기다렸다는 듯이 이렇게 쓰고 있다. "제발 하루에 한 시간만 할애해 주시겠습니까?… 저에게 일주일에 일곱 시간만 주신다면, 당신을 학자 겸 철학자로 만들어 드리겠습니다. 불과 4년 만에 이 땅에 있는 어떤 신참 철학박사 못지않게 학식을 갖추게 될 겁니다."

배움의 규칙

배움의 규칙을 따르는 사람은 우리 삶에 정규적이고 목적이 뚜렷한 배움의 기회를 집어넣는 방법을 찾을 것이다. 가장 쉬운 방법은 교회나 지역에 개설된 과정을 매학기 밟는 것이다. 가까운 신학교나 인터넷에 개설된 신학 과정을 활용하라. 일단 그런 과정에 들어가면 시간과 빈도가 정해져 있어서 다른 방해 요소를 피할 수 있다.

휴가를 이용한 배움의 기회도 점차 늘고 있다. 유람선에 개설한 코스나 대학에서 주관하는 여름학교가 그런 것이다. 아주 좋은 본보기가 C. S. 루이스 재단의 후원 아래 격년으로 개최되는 옥스브리지 과정으로서, 한 주는 옥스퍼드에서 또 한 주는 케임브리지에서 공부하는 프로그램이다.

그런 과정에 참가하려면 개인적으로 복잡한 일정을 감안하여 일찌감치 스케줄을 잡아야 할 것이다. 이보다 더 간단한 방법은 아주 다양한 방식으로 출시되는 테이프, CD, MP3 등을 이용하는 것이다. 이런 것들이 스포츠 센터에서 운동하는 시간과 출퇴근 시간을 일종의 수업 시간으로 변모시킬 수 있다. 작년에 나는 그런 시간을 활용하여 중세 역사와 아인슈타인 물리학을 대학 수준으로 공부할 수 있었다. 내가 만든 간단한 규칙은 매일 자동차 운전 시간(출퇴근 시, 아이들을 학교에서 데려올 때, 모임에 갈 때)을 배움의 기회로 활용하는 것이다. 아내도 성경 전체를 담은 CD를 사서 이런 식으로 성경을 통독하고 있다.

성찰의 규칙

토머스 머튼(Thomas Merton)이 수집한 4세기 사막 교부들의 지혜와 금언을 보면 이런 내용이 나온다. 한 수도사가 수도원장 모세스에게 귀한 말씀을 부탁하자, 그는 "가서 그대의 방에 앉아 있으시오. 그러면 그대의 방이 그대에게 모든 걸 가르칠 것이요" 하고 말했다. 침묵과 고독의 힘은 영성 훈련의 역사에서 줄곧 인정되어 왔으며, 둘 다 성찰 규칙의 중심부에 놓여 있다. 영적인 고요함과 단순히 소리 없는 침묵은 서로 다른 것임을 유념해야 한다. "침묵은 소리의 부재이고, 고요함은 소리가 잠잠해지는 것"이라고 프레드릭 뷰크너(Frederick Buechner)는 말한다. "고요함은 침묵하기로 작정한다. 그것은 숨죽여 귀를 기울인다."

베네딕트의 규칙은 한 장 전체를 할애하여 침묵을 **배양하는** 법을 다룬다. 그 초점은 **생각하기 위해** 시간과 장소를 조성하는 데 있다. 우리는 시공간에 몸담고 있는 신체적 피조물이다. 따라서 공간과 시간은 상상하기 힘들 만큼 우리에게 영향을 미치고 있고, 우리가 깊은 생각이나 옅은 생각을 하게 만든다. 우리는 대체로 기도와 성경 읽기와 묵상, 그리고 고요하게 일기를 쓰는 것에 익숙하다. 그러나 이와 더불어 우리는 어떤 문제를 붙들고 씨름하는 시간, 어떤 이슈를 곰곰이 숙고하면서 통찰력을 얻기 위한 고요한 시간도 정기적으로 가질 필요가 있다.

내 경우에는 그런 목적으로 한 달에 한 번씩 조용한 곳으로 물러난다. 작은 침구와 아침거리를 싸서 우리 집에서 멀지 않은 블루리지 산으로 하룻밤을 지내러 간다. 목요일 오후에 출발해 그 맑은 공기를 마시며 청명한 하늘을 향해 질주할 때면, 마음이 한없이 넓어지고 무한정 깊어지는 것을 느낀다. 매일의 바쁜 일상에서는 도저히 불가능했던 현상이다.

도착하는 즉시 고요한 호수 주변을 산책한다. 기도도 하고 생각도 하면서. 100킬로미터도 넘는 산맥을 눈요기하다가 방에 돌아오면 읽고 성찰하고, 일기를 쓰고 기도도 한다. 그것은 내가 달리 경험할 수 없는, 하나님과 '서로 변론하기에' 가장 좋은 시간이다.

물론 누구나 한 달에 한 번씩 산으로 여행하기는 어려울 것이다. 하지만 기도와 성찰을 위해 조용한 곳으로 물러나는 훈련의 기회는 누구에게나 열려 있다. 동트기 전에 홀로 있는 순간, 가까운 공원을 산책할 때, 고요한 정원에 놓인 벤치에서. 우리는 모두 **물러날** 수 있다는 말이다. 그렇게 하면 우리는 충만한 영과 깊은 생각을 안고 돌아올 것이며, 이는 허망한 세상 속에서도 명료함과 예민함을 안고 살아갈 수 있게 해줄 것이다.

결국은 선택의 문제다

다시금 우리는 선택의 자리로 돌아온다. 우리가 차를 운전하는 동안, 그것을 배움의 기회로 이용할 것인가 아니면 그저 그런 음악과 DJ의 시시콜콜한 잡담을 듣는 데 사용할 것인가? 우리가 휴가를 즐기는 동안, 배움의 요소를 집어넣을 것인가 아니면 단지 먹고 놀기만 할 것인가? 매주 맞이하는 일곱 번의 저녁 시간에 적어도 한두 시간이나마 독서에 사용할 생각은 없는가? 배움의 규칙은 결국 선택의 문제다. 기회는 사실 무한정하다.

7. 당신의 생각을 용기 있게 말하라

"진실한 말 한마디가 온 세상보다 가치가 있다."

알렉산드르 솔제니친

가톨릭 신학자 게오르그 바이겔(George Weigel)은, 1959년 6월 제2바티칸 공의회 의제를 준비하던 위원회가 전 세계 주교들에게 무슨 주제를 다루고 싶은지 물어보았다고 한다. 카롤 보이티아(Karol Wojtyla)라는 40세의 보좌 주교(훗날 교황 요한 바오로 2세가 된 사람)는 단 한 가지 날카로운 질문을 던졌다. **이 세상에 도대체 무슨 일이 발생했는가?** 인류의 장래에 대해 그토록 높은 기대감을 품고 시작한 20세기가 불과 수십 년밖에 지나지 않았는데 어쩌다가 두 차례의 세계대전, 세 개의 전체주의 체제, 아우슈비츠, 강제 노동수용소, 산더미 같은 시체들, 바다를 이룬 피, 기독교 역사 최대의 박해들, 지구의 장래를 위협한 냉전 등으로 얼룩지게 되었는가? 도대체 무슨 일이 일어난 것인가? 바로 서양 휴머니즘의 거대한 프로젝트가 탈선한 것이라고 카롤 보이티야는 주장했다. 요한 바오로의 전기에서 바이겔은 작고한 교황의 사상을 이렇게 정리했다. "사상은 결과를 낳는다. 나쁜 사상은 치명적 결과를 낳을 수 있다."

우리가 지성을 개발하는 목적은 하나님을 사랑하기 위해서다. 우리의 사명은 빛을 위해 어둠과 싸우는 일이다. 우리는 그저 사상과 논리를 탐구하기 위해서만 지력을 발휘하는 것은 아니다. 기독교의 역사를 단순히 지성사로만 공부하는 이들은 초점을 놓치고 말 것이다. 로버트 루이스(Robert Louis)는 "기독교 사상의 연구는…관념에만 지나치게 몰두해 왔다. … 그 목적은 … 사람들의 마음과 생각을 얻고 그들의 삶을 변화시키는 일이다"라고 쓰고 있다.

이는 기독교 지성에게 변증에 참여하라고 부르는 명쾌한 부름이다. 이것이 어쩌면 가장 필요한 기능일지 모른다. 그리스어 *apologia*는 무언가를 변호한다는 뜻이며, 변증은 신앙의 변호, 믿음의 이유, 당대의 질문에 대한 응답을 제공하는 것이다. 변증을 통해 지성은 신앙의 걸림돌과 반론을 깨끗이 제거하고 신앙이 액면 그대로 검토되게 하는 복음 전도 사역을 지원한다.

역사적으로, 기독교 변증은 신앙의 합리적 증거를 제시하는 일에 치중해 왔으나, 갈수록 그보다는 신앙에 대한 명쾌한 설명이 더 필요한 것처럼 보인다. 오늘날 기독교 신앙과 관련된 가장 심오한 질문은 '그래서 어쨌단 말인가?' 하는 것이다. 이것이 기독교적으로 사고하는 일과 기독교를 타인에게 전하는 일 양자의 중심부에 놓여 있다. 토머스 오덴(Thomas Oden)이 말한 것처럼, 부활의 사실이 교회 안에서 주장되고 있을지 몰라도 부활의 **의의**에 대해서는 거의 관심이 없거나 그것을 전달하지 않는 실정이다. 예수는 죽은 자들 가운데서 살아나셨다. **그래서 어쨌단 말인가?** 성경은 진리다. **그래서 어쨌단 말인가?** 당신은 하나님과 인격적 관계를 맺을 수 있다. 그래서?

기독교적 지성이 **이 세상**의 지성에 도전하려면 바로 이에 대해 알아야 한다. 우리가 이 과업을 수행하지 못하면 토론에서 초점을 잃고 말 것이다. 아니, 이것이 유일하게 중요한 부분이다.

교회의 사명은 그 무엇보다도 고귀한 것이며, 그 사명을 추진케 하는 원동력은 깨어 있는 정신, 하나님과 하나님의 것들로 타오르는 뜨거운 지성이다. 이것이 대위임령 속에 있는 문화 명령의 핵심이다. 대위임령은 우리에게 예수 그리스도의 복음을 모든 사람에게 전하라고 한다. 문화 명령은 하나님의 나라를 위해 세상의 모든 구석을 손에 넣으라고 한다. 이 둘은 서로 별개의 것이 아니다. 오히려 우리가 휘둘러야 할 단칼의 두 날과 같다. 그럼에도 대위임령의 진정한 역학과 실천을 잘 이해하는 그리스도인은 놀랄 정도로 드물다. 그 속에 내재된 문화 명령을 붙잡고 있는 신자는 더 드물다. 우리가 기독교 하부 문화 속으로 물러나서 좁은 신앙 서적과 잡지, 라디오 방송과 범퍼 스티커에 매몰되어, 더 넓은 세상은 망각한 채 모래에 머리를 처박고 있는 경우가 비일비재하다.

헨리 나우웬은 한 사제에게 들은 이야기를 적고 있다. "뉴욕 타임즈" 기사는 온통 전쟁, 범죄, 권력 투쟁, 정치적 조작으로 가득 차서 마음과 생각이 혼란해 묵상과 기도를 할 수 없다는 이유로 구독을 취소했다는 것이다. "그건 참 슬픈 이야기입니다. 진정한 영적 생활은 그와 정반대의 길을 걷는 것입니다. 참된 영성은 주변 세상에 대해 깨어 있어서 거기에 있는 모든 것, 거기서 일어나는 모든 것이 우리의 성찰과 묵상의 일부가 되고, 두려움 없이 자유롭게 반응하도록 해줄 것입니다."

이것이 **지능**(intellect)을 가진 그리스도인과 **지적 분별력**(intelligent)을 가진 그리스도인의 서로 다른 점이다. 아무도 지능의 가치에 대해 의심하지 않는다고 리처드 호프스타터는 말한다. 그것은 편협하고 즉각적이며 예측 가능한 범위 내에서 지극히 실제적인 용도로 사용되는 탁월한 지성이다. 다른 한편, 지적 분별력은 사물의 중요하고 창조적이며 관조적인 측면을 일컫는다.

그것은 또한 사물의 행동주의적 측면이기도 하다.

우리의 지성이 좁은 틀을 깨고 세계적 차원으로 확장되려면 무엇보다 생각의 기술을 되찾아야 한다. 기독교적 지성을 갖는다는 것은 생각하는 것을 뜻한다. 널리 폭넓게 생각한다는 것. 이는 성찰의 훈련을 넘어서는 것이다. 물론 성찰도 우리가 연습해야 할 중요한 훈련 또는 기술임에 틀림없다. 하지만 우리가 지금 이야기하고 있는 것은 적용의 측면이다. 기도하는 마음으로 생각을 당면 과제에 맞추는 일이다. 나우웬의 친구는 일부러 "뉴욕 타임즈"를 피했다. 반면에 나우웬은 일부러 "뉴욕 타임즈"를 접하라고 일러 주고 있는데, 이건 놓쳐서는 안 될 충고다.

이는 지성의 적용으로 곧바로 이어진다. 안다는 것은 곧 **행하는** 것이므로, 기독교 지성도 기독교적으로 생각하는 것에 그치지 않는다. 우리의 목표는 어떻게 살지를 알기 위해 생각하는 일이다. 그러면 그리스도께서 의료 분야를 그분 것으로 편입한다는 것은 무슨 의미인가? 법은? 정치는? 경제는? 엄마 뱃속에 있는 아기는? 성(性)은? 예언자 미가의 말을 생각해 보라.

사람아, 주께서 선한 것이 무엇임을 네게 보이셨나니,
여호와께서 네게 구하시는 것은 오직 정의를 행하며 인자를 사랑하며
겸손하게 네 하나님과 함께 행하는 것이 아니냐(미 6:8).

정의와 사랑을 기독교적 관점에서 이해하는 것만으로는 충분하지 않다. "나아가 우리는 가난, 인종 관계, 낙태, 정치 등의 문제와 관련하여 정의와 사랑의 전략에 관해 생각해야 한다"고 데니스 홀링거(Dennis Hollinger)는 말한다.

이것이 바로 기독교적 사고의 핵심이다. 즉, 어떻게 살지를 알고 나서 하나님의 나라가 현실화되도록 진력함으로써 다른 이들도 그렇게 살 수 있도록 하는 것이다.

지식의 책임

기독교적 지성도 중요하고 그에 따라 세상에 참여하라는 문화 명령도 중요하지만, 그것들은 어디까지나 하나님께 순종하는 삶을 통해 하나님을 영화롭게 하려는 궁극적 목표에서 흘러나오는 구체적인 모습에 불과하다. 그것은 다만 진리를 아는 데 그치지 않고 자유롭고 열린 마음으로 진리의 하나님을 예배하는 삶을 사는 것이다. 이는 모든 지성과 인생이 추구해야 하는 지혜 그 자체다.

적어도 성경에 묘사된 바에 따르면, 지혜는 상식과 같지 않고 지식을 위한 지식도 아니다. 지혜란, 하나님이 우리에게 기대하는 행동을 이해하고 그대로 행하는 것, 하나님이 우리에게 기대하는 생각을 이해하고 그대로 생각하는 것, 하나님이 우리에게 기대하는 말을 이해하고 그대로 말하는 것이다.

성경 전체에 걸쳐 지혜로운 사람은 주님의 뜻을 행하는 자이며, 어리석은 사람은 그 뜻에 반역하는 자다. 신자의 지혜는 먼저 참된 지혜를 인정하는 데서, 그리고 실제로 **순종하는 데**서 발견된다. 이것이 대단히 중요한 이유는, 그래야만 신념과 행위, 앎과 행함 사이의 커다란 벽이 무너지기 때문이다. 지혜의 핵심은, 참 지식의 경우와 마찬가지로 이 둘이 하나로 합쳐지는 데 있다.

그러므로 지성을 적용하는 최고의 방법은 머리가 아니라 인격과 관련이 있다. 그 궁극적 목표를 일컬어 지식의 **책임성**이라 부를 수 있다. 오스 기니스는 "죄란 지식의 책임성을 고의적으로 위반하는 것"이라고 한다. 앎을 행함으로부터, 신념을 행위로부터 떼어 놓는 것이 죄의 본질이기 때문이다.

영국의 역사가 폴 존슨(Paul Johnson)은 「지식인들」(*Intellectuals*)에서 장 자크 루소, 칼 마르크스, 버트런드 러셀, 장 폴 사르트르 등 위대한 지성들의 삶과 사상을 개관하고 있다. 그는 그들의 논리와 철학이 대부분 고상한 신념이 아니라 그들이 자기 생애에 내린 선택들에 기초해 있다는 사실을 발견했다.

예를 들면, 18세기 프랑스 철학자 장 자크 루소는 사생아를 다섯이나 낳은 후 그들을 모두 버렸다. 그러고는 추정컨대, 자신의 추론과 지식과 상식에 비추었을 때 아이들에게는 징계하거나 지도할 부모가 필요 없고 국가가 그들을 책임지고 양육해야 한다는 주장을 폈다. 이 사상은 오늘까지 일부 교육 이론과 자녀 양육 이론에 영향을 미치고 있다. 그의 결론은 참된 이성에 바탕을 둔 것이 아니라 자기가 내린 도덕적 선택을 정당화하려는 욕구에 기초한 것이다.

따라서 지식의 책임은 결국 그리스도의 주 되심으로 귀결된다.

하나님을 위한 지성

내가 이 결론 부분을 쓰고 있는 장소는 잉글랜드 옥스퍼드에 있는 이글 앤 차일드(Eagle and Child) 클럽이다. 이곳에 걸린 명판에는 이런 글이 적혀 있다.

> C. S. 루이스, 그 형제 W. H. 루이스, J. R. R. 톨킨, 찰스 윌리엄스, 그 밖의 여러 친구들은 1939년과 1962년 사이에 이 클럽의 뒷방에서 매주 화요일 아침마다 모임을 가졌다. 보통 '잉클링즈'(Inklings)로 알려져 있는 이들은 여기서 맥주를 마시면서 자기가 쓰고 있던 책을 비롯한 여러 가지를 의논하곤 했다.

나는 솔직히 잉글랜드의 클럽을 좋아하는데, 특히 이 클럽이 정말 마음에 든다. 어스름한 실내, 흙 냄새 나는 분위기, 스스럼없이 주고받는 대화, 무엇보다 잉클링즈와 그들의 대화의 기운이 아직도 공기 중에 떠 있는 듯한 느낌. 내가 잉클링즈가 모이던 '토끼 방'(지금은 이렇게 부른다)의 벽난로 곁에 있는 작은 테이블에 앉아 있는 동안, 여행객이 줄줄이 들어와서 벽에 붙은 사진들과 기념품을 응시하고 사진을 찍곤 한다. 그들의 얼굴에 "아, 여기가 바로 그런 일이 발생한 현장이구나" 하는 글귀가 쓰여 있는 것 같았다.

정확하게 무슨 일이 발생했다는 말인가? 그와 같은 순례자들을 만든 것은 C. S. 루이스와 그 친구들의 어떤 면모인가? 특히 그를 오늘날 전 세계적으로 수많은 그리스도인의 비공식적 수호 성인으로 만든 것은 무엇인가?

그가 테레사 수녀의 경우처럼 특별한 생애를 산 것은 분명 아니다. 흔히 그의 흡연, 음주, 자유분방한 말투 때문에 그의 개인 편지를 소장하고 있는 복음주의 대학에도 채용될 수 없었다고 한다.

C. S. 루이스는 빌리 그레이엄(Billy Graham)처럼 체육관을 가득 채울 만큼 웅변술이 뛰어난 것도 아니었다. (내가 아는 한, 그의 목소리가 그나마 녹음된 것은 그가 「네 가지 사랑」의 내용 일부를 읽은 것이 유일하다.) BBC가 만든 영화 "섀도우랜드"(Shadowlands)에서 조스 오클랜드(Joss Ackland)가 C. S. 루이스의 유명한 설교 「영광의 무게」를 읽으며 연기하는 소리를 들어 봐도 상당히 알아듣기 힘든 음성이었다.

우리는 그의 상상력(「나니아 나라 이야기」에 나오는 공상의 세계, 「스크루테이프의 편지」에 담긴 창의성)이 우리를 사로잡는다고 주장할 수 있으며,

그런 측면이 분명히 있다. 그럼에도 이것으로 C. S. 루이스가 받는 존경, 심지어 경외를 설명할 수는 없다. 대다수의 미국인이 내심 친영(親英)주의자라는 사실도 완전한 설명을 제공하지 못한다.

그러면 그의 어떤 면모가 그렇게 만든 것일까?

바로 그의 **지성**이었다.

그가 영웅인 이유는 앞으로 나서서 세상과 씨름한 기독교 지식인이었기 때문이다. 옥스퍼드에서의 교육, 모들린 칼리지와 케임브리지 대학에서의 강의, 초서와 정신분석학, 고대 영어 서사시와 휴머니즘을 거론할 수 있었던 능력 등이 영성 관련 서적 수천 권으로도 다루지 못하는 영적인 필요를 채워 주었던 것이다. 그는 실로 20세기의 가장 뛰어난 변증가였다.

오늘날에는 누가 C. S. 루이스와 같은 인물이 되겠는가? 테레사와 빌리 그레이엄 같은 인물처럼 그를 직접 대신할 인물은 없을 것이다. 그러나 C. S. 루이스가 담당했던 사역은 늘 우리 앞에 놓여 있다. 바로 하나님을 위한 지성이다. 기꺼이 크고 선명하게 생각하려는 인물이라면 그의 길을 따를 수 있다.

하지만 이런 생각은 결코 환영받지 못할 것이다.

여배우 자다 핀켓 스미스(Jada Pinkett Smith)는 '다문화 및 다인종 관계를 위한 하버드 재단'이 주최한 20주년 기념 문화 축제에서 '올해의 예술인'으로 뽑힌 사람이다. 핀켓 스미스는 눈물 어린 감사의 표시를 한 다음, 아주 감명 깊고 감동적인 인생 교훈을 담은 강연을 했다. 그는 "아무도 당신이 누구인지를 규정짓지 못하게 하라"고 했다. "그들이 당신을 틀에 집어넣지 못하게 하라." 그녀는 헤로인에 중독된 10대 부모와 함께 살았던 어린 시절에 관해 얘기하고는, "나는 이 무대에 설 수 있게 되었고 이제는 그들이 잘못되었음을 입증했다"고 승리에 찬 선언을 했다.

그리고 오늘날 남성과 여성의 역할에 관련된 문제들을 언급하면서, 특히 여성들에게 직업을 선택하는 것이 결혼과 가정을 포기하는 것이라는 잘못된 관념과 싸우라고 격려했다. "여성들이여, 그대는…사랑하는 남자, 헌신적인 남편, 사랑스런 자녀…[그리고] 직업을 모두 가질 수 있습니다. … 그대가 원하기만 한다면 말입니다." 핀켓 스미스는 배우 윌 스미스(Will Smith)와 1997년에 결혼해 두 자녀를 두고 있었다.

문화 축제는 다양한 형태의 음악과 더불어 문화적으로 독특한 예술 형식을 돋보이게 하려고 고안된 것이라고 생각한 "양성애자, 동성애자, 레즈비언, 트랜스젠더를 지지하는 모임"(BGLTSA)은 핀켓 스미스의 강연이 이성애적 관계를 부추겼다고 불편한 심기를 드러냈다. 그녀의 발언 가운데 동성애 혐오증 같은 것은 전혀 찾아볼 수 없었다고 인정했으나, 강연 내용이 "지극히 이성애 규범적" 성향을 띠고 있다고 우려를 표시했다. 즉, 표준적인 성관계는 남성과 여성 사이에서만 가능하다고 시사함으로써 BGLTSA 회원들을 불편하게 만들었다는 것이다.

BGLTSA는 재단에게 요구해서 사과를 받아냈다. "앞으로는 강사들에게 그 청중이 다양한 인종, 민족, 종교, 성, 젠더, 계급으로 구성되어 있다는 점을 주지시키겠다"는 다짐까지 했다.

현대 사회에서 기독교적 가치관은 물론이고 전통적 가치관을 높이고자 하는 목소리는 갈수록 침묵을 강요당하고 있다. 그런 목소리는 적대감를 당하거나 하찮은 것으로 치부되는 데 그치지 않는다. 아예 그런 소리를 내지 못하게 해야 한다는 압박을 받고 있다.

이런 현상은 그리스도인에게 성경이 찬미하는 기본적인 성품 하나를 갖출 것을 요구하고 있다. 그 이름은 용기다. 오래 전에 고(故) 브렌트 커티스(Brent Curtis)는 작가인 존 엘드리지(John Eldredge)에게, 그의 인생을 바꿔 놓은 충고를 한 적이 있다. "사람들에게 당신의 인간됨의 위엄을 느끼게 하고, 그들로 그에 걸맞게 대하게 하라."

우리가 오늘날 지배적인 풍조에 도전하여 문화적 황무지에다 매력적이고 설득력 있는 목소리를 내면 이를 꺾으려고 온갖 압력이 가해질 터인데, 그 때 우리는 그리스도 안에서 용기를 품고 사람들이 우리가 그분 안에서 누구인지 그 위엄을 느끼게 하고 또 그에 걸맞게 대하게 해야 한다.

그러면 그들이 그렇게 할 것이다.

그 문화 축제에 출연했던 한 공연가는 핀켓 스미스의 강연이 상당히 '통찰력 있는' 연설이었다고 말했다. "거기에 모인 모든 집단을 다 기쁘게 할 수는 없는 법이죠. 어떤 식으로든 누군가는 배제될 수밖에 없다는 뜻입니다. 그녀의 메시지는 아주 분명했다고 생각합니다. 아주 성실한 강연이었어요."

달리 말하면, 그는 귀담아 들었다는 뜻이다. 그러려면 먼저 누군가 일어서서 말을 해야 한다.

이제 기도로 마치고자 한다. 짧지만 깊은 내용을 담은 책「그리스도인의 사고 활용과 성숙」(Your Mind Matters, IVP 역간)의 끝부분에서 존 스토트가 드린 기도다.

나는 하나님이 오늘 새로운 세대의 기독교 변증가 혹은 전파자들을 일으키시기를 진심으로 기도한다. 성경의 복음에 대한 절대적 충성과 성령의 능력에 대한 흔들림 없는 믿음, 그리고 오늘날 복음의 대안으로 떠오르는 것들에 대한 깊고 예민한 이해력을 겸비한 인물, 전자와 후자를 참신하고 날카롭게, 권위 있고 적실하게 연결시킬 줄 아는 인물, 자신의 지성을 활용하여 그리스도를 위해 다른 지성들에게 다가갈 수 있는 그런 인물을 일으키시기를.

주

서문: 하나님을 향한 마음

p. 10, "미국의 단과대학과 종합대학 교수들을 대상으로 한 설문 조사": Stanley Rothman, S. Robert Lichter and Neil Nevitte, "Politics and Professional Advancement Amone College Faculty," *The Forum* 106가(2005):7. 다음 웹사이트를 참고하라. <www.cmpa.com/documents/05.03.29.Forum.Survey.pdf>.

p. 10, 여기 언급한 지적 설계에 대한 국립 과학교육센터 소장의 반응은 Greg Toppo, "Kansas Schools Can Teach 'Intelligent Desi-gn,'" *USA Today*, November 9, 2005, p. 7D에서 인용하였다.

p. 11, "…교수들이 점차 늘고 있는 현실에서,": Charles Colson, "Money Talks", *BreakPoint*, October 12, 2005. 다음 웹사이트를 참고하라. <www.pfm.org>.

p. 12, "아일랜드는 흠잡을 데 없이 영광스러운 순간을 맞이한 적이 있다": Thomas Cahill, *How the Irish Saved Civilization*(New York: Doubleday, 1995), p. 3.

p. 13, "이슬람이 중세에 세력을 확장하기 시작했을 때": Cahill, 같은 책, pp. 193-194.

p. 14, "세계 정복의 출발점": Alister McGrath, *The Twilight of Atheism*(New York: Doubleday, 2004), p xi.

p. 14, "그리스도를 위해 세계를 정복하는 일에 대해 얘기해도 좋다": John Stott, *Your Mind Matters*(Downers Grove, Ill.: InterVarsity Press, 1972), p. 13. 「그리스도인의 사고 활용과 성숙」(IVP).

p. 15, 반지성주의에 대한 호프스타터의 지적: Richard Hofstadter, *Anti-Intellectualism in American Life*(New York: Vintage, 1962), pp. 55-80를 보라. 또한 Mark Noll이 Hofstadter의 의견을 다룬 내용을 보려면 *The Scandal of the Evangelical Mind*(Grand Rapids: Eerdmans, 1994), pp. 11-12를 참조하라. 「복음주의 지성의 스캔들」(엠마오).

p. 15, "아테네가 예루살렘과 무슨 상관이 있는가?": Tertullian On the Proscription of Heretics 6, *The Ante-Nicene Fathers*, ed. Alexander Roberts and James Donaldson (Peabody, Mass.: Hendrickson, 1999), 3:246.

p. 17, "더 이상 기독교적 지성이 존재하지 않는다": Harry Blamires, The Christian *Mind: How Should a Christian Think?*(Ann Arbor, Mich.: Servant Books, 1978).

p. 17, "만일 복음주의자가 더욱 넓은 이 지성의 세계를 진지하게 여기지 않는다면": Noll, *Scandal of the Evangelical Mind*, p. 34.

1. 기독교적 지성

p. 22, 국립 청소년종교연구센터의 연구: Christian Smith, *Soul Searching: The Religious and Spiritual Lives of American Teenagers*(Oxford:

Oxford University Press, 2005), p. 171.

p. 22, "도덕주의적인 치료용 이신론'" : Smith, *Soul Searching*, p. 165.

p. 23, 기독교적 지성에 대한 오스 기니스의 정의: Os Guinness, *Fit Bodies, Fat Minds*(Grand Rapids: Baker, 1994), p. 136.

p. 24, 기독교적 실재론자로서의 플래너리 오코너: Robert Ellsberg, ed., *Flannery O'Connor: Spiritual Writings*(Maryknoll, N.Y.: Orbis, 2003), p. 49를 보라.

p. 25, "소설의 모양이 크게 달라진다": Flannery O'Connor, "Novelist and Believer" (1963), 같은 책에 인용, p. 68.

2. 문화적 지성

p. 27, 다윈주의와 나치에 관한 웨이카르트의 연구: Richard Weikart, *From Darwin to Hitler: Evolutionary Ethics, Eugenics, and Racism in Germany*(New York: Palgrave Macmillan, 2004).p. 32, 리처드 위버의 책: *Ideas Have Consequences*(Chicago: University of Chicago Press, 1948).

p. 28, 조국의 영적인 죽음을 거론한 솔제니친: Aleksandr Solzhenitsyn, 템플턴 상 수상 소감 중에서, Carl F. H. Henry, *The Christian Mindset in a Secular Society*(Portland, Ore.: Multno-mah, 1978), p. 94에서 인용.

p. 28, "유대교인이나 그리스도인으로 자처하는 다수가 실은 세속주의 신봉자다": David Klinghoffer, "That Other Church," *Chris-tianity Today*, January 2005, p. 62.

p. 29, "그 지반이 비교적 약할지 모르지만…", Peter Berger, *The*

Desecularization of the World(Grand Rapids: Eerdmans, 1999), p 10.

p. 29, "미국은 스웨덴 사람의 지배를 받는 인도 땅이다": Huston Smith, *Why Religion Matters*(San Francisco: HarperSanFranci-sco, 2002), p. 103를 보라.

p. 30, "새 교황은 여론에 좌우되지 않고…": Joseph Ratzinger, *Salt of the Earth: Christianity and the Catholic Church at the End of the Millenium*, trans. Adrian Walker(San Francisco: Ignatius, 1997)을 보라.

p. 30, "우리는 상대주의의 독재를 향해 움직이고 있다": David Yount, "Christians Must Keep God's Rule, New Pope Reminds Us," *The News Tribune*(Tacoma, Washington), April 25, 2005.

p. 31, 대학 교수로서 앨런 블룸의 발언: Allan Bloom, *The Closing of the American Mind: How Higher Education Has Failed Democracy and Impoverished the Souls of Today's Students*(New York: Simon & Schuster, 1987), p. 25.

p. 32, "하나님은 대화의 적절한 주제가 아니고…": Page Smith, *Killing the Spirit: Higher Education in America*(New York: Viking, 1990), p. 5.

p. 33, "기독교에 대한 계몽주의 지식인의 배척": Harold A Netland, *Dissonant Voices; Religious Pluralism and the Question of Truth*(Grand Rapids: Eerdmans, 1991), p. 30.

p. 33, "진정한 신자가 진짜 위험 인물": Bloom, *Closing of the American Mind*, p. 26.

p. 34, "사람은 하나님이 되는 과제를 가진 존재": Jean Paul Sartre, *Existentialism and Human Emotions*(New York: Citadel Press, 1957),

p. 63.

p. 34, "나르시시즘의 문화": Christopher Lasch, *The Culture of Narcissism*(New York: W. W. Norton, 1991), p. 7.

p. 35, "나는 이해하기 위해 믿는다": Stanley J. Grenz, *A Primer on Postmodernism*(Grand Rapids: Eerdmans, 1996), p. 62.

p. 35, "과학의 시대": Gerard Piel, *The Age of Science: What Scientists Learned in the Twentieth Century*(New York: Basic Books, 2001).

p. 36, "미지의 것일 뿐 아니라 무의미한 것이다": 자연주의의 좀더 다양하고 대중적인 측면에 대한 신뢰할 만한 비평을 보려면, Phillip E. Johnson, *Reason in the Balance: The Case Against Naturalism in Science, Law and Education*(Downers Grove, Ill.: InterVarsity Press, 1995)을 참고하라. 「위기에 처한 이성」(IVP).

p. 36, "우리의 목표는 귀신에 홀린 세계에서 벗어나는 것": Carl Sagan, *The Demon-Haunted World: Science as a Candle in the Dark*(New York: Random House, 1995).

3. 도서관은 무기 창고

p. 41, "우리의 도서실은 우리의 무기고다": Daniel J. Boorstin, *The Discoverers: A History of Man's Search to Know His World and Himself*(New York: Random House, 1983), p. 492에서 인용된 수도사의 말.

p. 41, "위기에 처한 독서"라는 보고서: "Reading at Risk: A Survey of Literary Reading in America," Research Division Report 42 (2002),

National Endowment of the Arts. 이 연구는 미국의 Bureau of the Census에서 20년에 걸쳐 인구학적으로 주요한 집단 17,000명의 성인을 대상으로 얻어낸 통계 자료에 근거한 것이다.

pp. 43-44, "역사학, 신학, 정치학 등 여러 분야의 책을 진지하게 읽지 않으면 안 된다": Susan Wise Bauer, *The Well-Educated Mind: A Guide to the Classical Education You Never Had* (New York: W. W. Norton, 2003), p. 25.

p. 46, "반면, 책을 읽는 데는 불과 100시간을 사용했다": *New York Times*, August 24, 1997, The Pastor's Weekly Briefing 5, no. 35 (1997): 2에 인용.

p. 46, 조지 오웰과 올더스 헉슬리의 책에 관한 이야기: Neil Postman, *Amusing Ourselves to Death*(New York: Penguin, 1985), p. vii. 「죽도록 즐기기」(참미디어).

p. 48, "좋은 책을 읽고 싶으면": Arthur Schopenhauer, *Some Forms of Literature*, Mortimer Adler and Charles Van Doren, *Great Treasury of Western Thought*(New York: R. R. Bowker, 1977), p. 1021에 인용.

p. 48, "리처드 위버는…의심스럽다고 평한다": Richard M. Weaver, *Ideas Have Consequences*(Chicago: University of Chicago Press, 1984), p. 14.

p. 49, "좋은 교육을 위해서는 위대한 책들이 필수적이라고": Robert Maynard Hutchins, *The Great Conversation: The Substance of a Liberal Education*, Great Books of the Western World(Chicago: Encyclopaedia Britannica, 1952), 1:xi.

p. 49, "그렇다면 위대한 책이란 무엇인가?": 같은 책, p. xi.

p. 49, "'옛' 저서": C. S. Lewis, "On the Reading of Old Books," in *God in the Dock: Essays on Theology and Ethics*, ed. Walter Hooper(Grand Rapids: Eerdmans, 1970), pp. 200-207.

p. 49, '위대한 책들': Encyclopaedia Britannica and the University of Chicago에서 출간. 이 54권 분량의 책은 "Great Books of the Western World"로 불린다. 이후 Kafka, Barth, Wittgenstein, Einstein, Proust, Heidegger, Weber와 같은 현대 거장들을 추가하여 개정하였다.

p. 50, 위대한 책을 읽는 것에 관한 데카르트의 이야기: Rene Descartes, "Discourse on Method" 1, *The Essential Descartes*, ed. Margaret D. Wilson(New York: Meridian/New American Library, 1969), p. 109.

p. 50, "각 시대는 그 나름의 안목을 갖고 있다": Lewis, "Reading of Old Books," p.202.

p. 52, "그리스도인이라면 이렇게 말할 준비를 갖추어야 한다": N. T. Wright, Tim Stafford in "New Theologians," *Christianity Today*, February 8, 1999, P. 45에 인용.

p. 53, 아우구스티누스의 회심 이야기: Charles Colson, *Loving God*(Grand Rapids: Zondervan, 1983), pp. 45-53에서 발췌. 「러빙 갓」(홍성사).

p. 56, "내가 마귀라면": J. I. Packer, R. C. Sproul, *Knowing Scripture* (Downers Grove, Ill.: InterVarsity Press, 1977), pp. 7-10의 서문 중에서.

4. 잃어버린 배움의 수단

p. 58, "시시하고 어리석은 말, 소문": Quentin J. Schultze, *Habits of the High-Tech Heart: Living Virtuously in the Information Age*(Grand

Rapids: Baker, 2002), p. 21.

p. 58, "날마다 나에게": Cass Sunstein, Republic.Com(Princeton, N.J.: Princeton University Press, 2001)을 보라.

p. 59, '삼중적인 길'과 '사중적인 길': Ralph M. McInerny. *A Student's Guide to Philosophy*(Wilmington, Del.: ISI Books, 1999), pp. 18-19를 보라.

p. 59, "그와 같은 공부가 기독교적 지성을 개발하는 데 매우 중요했다": 이는 홈스쿨링을 지향하는 부모들이 가지고 있는 정신이다. Jessie Wise and Susan Wise Bauer, *The Well-Trained Mind: A Guide to Classical Education at Home*(New York: W.W. Norton, 1999)을 보라. 지혜로운 사람들은 지성의 훈련을 위해 고대의 삼학과를 매우 중요하게 여긴다.

p. 60, "T. S. 엘리엇은…비극이라고 했다": T. S. Eliot, *Christianity and Culture*(New York: Harcourt Brace, 1948), p. 175.

p. 62, "우리 문화는 교육의 목표를": Clifford Williams, *The Life of the Mind: A Christian Perspective*(Grand Rapids: Baker, 2002), pp. 28-29.

p. 62, "그 자체가 선한 삶이다": 같은 책, p. 41.

p. 62, "그가 '필수 사항'으로 제시한": E. D. Hirsch Jr., Joseph F. Kett and James Trefil, *The New Dictionary of Cultural Literacy*, 3rd ed.(New York: Houghton Mifflin, 2002).

p. 63, "기독교적 교양": See Jo H. Lewis and Gordon A Palmer, *What Every Christian Should Know*(Wheaton, Ill.: Victor, 1989).

p. 65, 꼭 알아야 할 열두 가지 역사적 사건: Mark Noll, *Turning Points: Decisive Moments in the History of Christianity*(Grand Rapids: Baker, 1997).

p. 69, 브루클린 대학의 교수가 온라인 저널에 기고한 글: Timothy Shortell, "Religion and Morality: A Contradiction Explained," *The Anti-Naturals* <www.anti-naturals.org/theory/religion. html>.

p. 70, "나는 높은 지위에 있는 교수들이": Jacob Gershman, "Professor Who Belittled Believers Drops Bid to Head Up a Department," *The New York Sun*, June 8, 2005 <www.nysyn. com>; "Top Prof's Sparks Outrage," *New York Daily News*, May 23, 2005 <www.nydailynews.com>; Shoshana Baum, "Anti-Religion Prof's Promotion Rankles Brooklyn Cam-pus," Jewish Week, June 3, 2005 <www.thejewishweek.com>.

p. 70, "오늘날의 대학 문화는 그 중심이 텅 비어 있다": George Marsden, *The Outrageous Idea of Christian Scholarship*(New York: Oxford University Press, 1997), p. 3.

p. 70, "신앙은 잃고 직장은 붙들고 있는 사제들": Kelly Monroe, ed., *Finding God at Harvard: Spiritual Journeys of Thinking Christians* (Grand Rapids: Zondervan, 1996), p. 15.

p. 71, "그리스도인 학자들조차도 자기 신앙과 학문 생활의 관계에 대해": 이에 대한 훌륭한 사례를 보려면, *Shaping a Christian Worldview: The foundations of Christian Higher Education*, ed. David S. Dockery and Gregory Alan Thornbury(Nashville: Broadman & Holman, 2002)를 보라.

5. 거룩한 사고 활동

p. 73, "철학자들이 더 이상 인생에 관한 큰 질문과 씨름하지 않는다": Ralph M. McInerny, *A Student's Guide to Philosophy*(Wilming-ton, Del.: ISI

Books, 1999), pp. 10-11를 보라.

p. 74, 말콤 글래드웰의 표현 '흘끗 보는': Malcolm Gladwell, *Blink: The Power of Thinking Without Thinking*(New York: Little, Brown, 2005).

p. 74, "세상의 반쪽이 다른 반쪽에게 조언을 부탁하지만": Henri J. M. Nouwen, *Reaching Out: The Three Movements of the Spiritual Life*(New York: Doubleday, 1976), p. 39. 「영적 발돋움」(두란노).

p. 76, "이런 것이 모두…어떤 세계관을 일컫는 완곡 어법임을 알 수 있다": Christian Smith, *Soul Searching*(Oxford: Oxford University Press, 2005), pp. 176-177.

p. 78, "이교 사상이 가장 값비싼 광고 공간을 다 차지하고": T. S. Eliot, *Christianity and Culture*(New York: Harcourt Brace, 1976), p. 18.

p. 78, 다이애나의 죽음에 관한 ABC 뉴스 보도 내용: "Some Perspec-tive, Please," World, September 20, 1997, p. 9.

p. 79, 부모들의 텔레비전 협의회(PTC)의 MTV 방송 분석: David Bauder, "Group Blasts MTV for 'Sleazy' Shows," Charlotte Observer, Saturday, February 5, 2005, p. 4E.

p. 79, 카이저 패밀리 재단이 텔레비전에 나오는 성적 장면을 분석한 조사 결과: Ann Oldenburg, "Turning on TV; More of a Turn-On?" USA Today, November 10, 2005, p. 1D.

p. 80, "등장 인물들이 서로 만나자마자 성교로 돌입하는 장면이 방영되면": 같은 조사.

p. 80, "영화와 텔레비전은 어떻게 사는 것이 옳고 어떤 것이 그른지": George Lucas, Michael Medved, *Hollywood vs. America*(New York:

Harper-Collins, 1992), p. 271에 인용.

p. 80, "영화가 무엇이 진실인지 최종 결론을 내리면 안 된다": Oliver Stone, "Oliver Stone: Forget Facts; Films Aren't About Accura-cy," *Charlotte Observer*, September 23, 1997, p. 2A에 인용.

p. 81, "생각을 여는 목적은": G. K. Chesterton, *Essential Writings*, ed. William Griffin (Maryknoll, N.Y.: Orbis, 2003), P. 63.

p. 81, "생각의 속력을 증가시켰다": Neil Postman, *The Disappea-rance of Childhood*(New York: Vintage, 1994), p. 116.

p. 81, "삶은 앞으로 나아가는 것이지만 생각은 뒤를 돌아보는 것이다": Soren Kierkegaard, john Lukacs, *A Student's Guide to the Study of History*, ISI Guides to the Major Disciplines(Wilming-ton, Del.: ISI Books, 2000), p. 3에 인용.

p. 82, "어떤 차원에서는 그런 차이점이 단순히 당파적 견해처럼 보일지 모르지만": George Marsden, *The Outrageous Idea of Christian Scholarship*(New York: Oxford University Press, 1997), p. 62.

p. 83, "내가 말하는 복음주의적 '지성의 삶'이란": Mark Noll, *The Scandal of the Evangelical Mind*(Grand Rapids: Eerdmans, 1994), p. 7.

p. 83, 세계관의 개념: 다양한 사상가들이 세계관을 다룬 방식을 보려면, David K. Naugle, *Worldview: The History of a Concept* (Grand Rapids: Eerdmans, 2002)를 참조하라.

p. 83, "인간의 표현 활동 전 영역에 기독교적 관점에서 건설적으로 관여하는 방식": Gene Edward Veith, "Reading and Writing Worldviews," in *The Christian Imagination*, ed. Leland Ryken, rev. ed.(Colorado Springs:

Shaw, 2002), p. 119.

p. 83, "우리 생각을 한결같이 하나님의 생각과 맞추기": Jonathan Edwards, "Notes on the Mind," in *The Works of Jonathan Edwards: Scientific and Philosophical Writings*, ed. Wallace E. Anderson(New Haven, Conn.: Yale University Press, 1980), pp. 341-342.

p. 84, 세계관 관련 일곱 가지 질문: James W. Sire, *Discipleship of the Mind: Learning to Love God in the Ways We Think*(Do-wners Grove, Ill: InterVarsity Press, 1990), pp. 30-31. 「지성의 제자도」(IVP).

p. 84, 찰스 콜슨과 낸시 피어시가 제시한 세계관 질문: Charles Colson and Nancy Pearcey, *How Now Shall We Live*(Wheaton, Ill.: Tyndale House, 1999), p. 14.

p. 84, "DNA를 발견한 프랜시스 크릭": Francis Crick, *Life Itself*(New York: Simon & Schuster, 1981).

p. 85, "두 유형의 법이 있다": Martin Luther King Jr., *Why We Can't Wait*(Letter from a Birmingham Jail)(New York: Mentor/New American Library, 1964), p. 82.

p. 86, "당신은 모두 A 학점을 받고도 인생은 낙제할 수 있다": Walker Percy, Ralph C. Wood, *Contending for the faith*(Waco, Tex.: Baylor University Press, 2003), p. 116에 인용.

pp. 86-87, 「제비뽑기」에 관한 무시무시한 보고서: Os Guinness, *Time for Truth*(Grand Rapids: Baker, 2000), pp. 21-23에서 발췌.

6. 지성을 위한 규칙

p. 90, "사려 깊은 사람은 예외없이…하나의 규칙을 갖고 있다": Thomas Moore, *The Rule of St. Benedict*, ed. Timothy Fry(New York: Random House, 1998), p. xvi에서 발췌.

p. 91, 영적 훈련에 관한 달라스 윌라드의 정의: Dallas Willard, *The Spirit of the Disciplines*(San Francisco: Harper & Row, 1988), p. 156. 「영성 훈련」(은성).

p. 92, "기독교적으로 사고하는 것은 무엇보다 먼저 사랑의 문제다": Os Guinness, *Fit Bodies, Fat Minds*(Grand Rapids: Baker, 1994), p. 19.

p. 94, "당신에게 필요한 것은 책이 가득 찬 책장과": Susan Wise Bauer, *The Well-Educated Mind: A Guide to the Classical Education You Never Had*(New York: W. W. Norton, 2003), p. 15.

p. 94, 바우어의 독서에 관한 제안: 같은 책, pp. 22-23.

p. 95, "어떤 책들은 맛만 보면 되고": Francis Bacon, Of Studies, Mortimer Adler and Charles Van Doren, *Great Treasury of Wes-tern Thought*(New York: R. R. Bowker, 1977), p. 1018에 인용.

p. 95, "제발 하루에 한 시간만 할애해 주시겠습니까?": Will Durant, *The Greatest Minds and Ideas of All Time*, ed. and comp. John Little(New York: Simon & Schuster, 2002), p. 65.

p. 97, "가서 그대의 방에 앉아 있으시오": Abbot Moses, Thomas Merton, *The Wisdom of the Desert: Sayings from the Desert Fathers of the fourth Century*(New York: Sheldon Press, 1961), 13:30에 인용.

p. 97, "침묵은 소리의 부재이고": Frederick Buechner, *Whistling in the*

Dark(San Francisco: Harper & Row, 1988), pp. 97-98.

7. 당신의 생각을 용기 있게 말하라

p. 102, "사상은 결과를 낳는다": George Weigel, *Letters to a Young Catholic*(New York: Basic Books, 2004), pp. 43-44.

p. 102, "기독교 사상의 연구는": Robert Louis Willken, *The Spirit of Early Christian Thought*(New Haven, Conn.: Yale University Press, 2003), p. xiv.

p. 103, 부활의 사실과 부활의 의의: Thomas C. Oden, *After Modernity… What?*(Grand Rapids: Zondervan, 1990), p. 68.

p. 104, "진정한 영적 생활은 그와 정반대의 길을 걷는 것입니다": Henri Nouwen, *Reaching Out: The Three Movements of the Spiritual Life*(New York: Doubleday, 1976), pp. 50-51.

p. 104, 지능과 지적 분별력: Richard Hofstadter, *Anti-Intellectua-lism in American Life* (New York: Alfred A. Knopf, 1963), pp. 24-25.

p. 106, "정의와 사랑의 전략에 관해 생각해야 한다": Dennis Hollinger, *Head, Heart and Hands: Bringing Together Christian Thought, Passion and Action*(Downers Grove, Ill.: InterVarsity Press, 2005), p. 44. 「머리, 가슴, 손」(IVP 근간).

p. 107, "신자의 지혜는 먼저 참된 지혜를 아는 데서": See Jurgen Goetzmann, "Mind," *The New International Dictionary of New Testament Theology*, ed. Colin Brown(Grand Rapids: Zondervan, 1971), 2:616-20; Jurgen Goetzmann, Colin Brown and H. Weigel,

"Wisdom, Folly, Philosophy," in *The New International Dictionary of New Testament Theology*, ed. Colin Brown (Grand Rapids: Zondervan, 1971), 3:1023-1038도 보라.

p. 107, "지식의 책임성": Os Guinness, "Knowing Means Doing: A Challenge to Think Christianly," Radix 18, no 1(1987), James W. Sire in *Discipleship of the Mind* (Downers Grove, Ill.: InterVar-sity Press, 1990), p. 23에 인용됨.

p. 107, "지식의 책임성을 고의적으로 위반하는 것": Os Guinness, *Fit Bodies, Fat Minds*(Grand Rapids: Baker, 1994), p.147.

pp. 107-108, 루소의 자녀 교육 이론: Paul Johnson, Intellectuals(New York: Harper &r Row, 1988), pp. 1-28.

p. 111, 자다 핀켓 스미스의 강연: Evelyn Lilly, "Cultural Rhythms Showcases Talent," Harvard Crimson, Monday, February 28, 2005 <www.thecrimson.com>; Anna M. Friedman, "Pinkett Smith's Remarks Debated," Harvard Crimson, March 2, 2005 <*www.thecrimson.com*>를 보라.

p. 112, "사람들에게 당신의 인간됨의 위엄을 느끼게 하고": John Eldredge, *Wild at Heart*(Grand Rapids: Zondervan, 2001), p. 149.

p. 113, "그 문화 축제에 출연했던 한 공연가는": Lilly, "Cultural Rhythms Showcase."

p. 113, 존 스토트의 기도: John R. W Stott, *Your Mind Matters* (Downers Grove, Ill.: InterVarsity Press, 1973), p. 52.

부록

이 부록은 그리스도인들이 지성을 개발하고 모든 영역에서 기독교적으로 사고할 수 있도록 돕고자 IVP가 제공하는 도서 목록입니다(편집자 주).

1. 기독교의 기본 진리

구원이란 무엇인가 | 김세윤 | 두란노
나는 왜 그리스도인이 되었는가 | 존 스토트 | IVP
내가 그리스도인이 되었을 때 아무도 말해 주지 않았던 것들
　필립 얀시 외 | 그루터기
내가 알지 못했던 예수 | 필립 얀시 | 요단
기독교의 기본 진리 | 존 스토트 | 생명의말씀사
복음주의의 기본 진리 | 존 스토트 | IVP
비교할 수 없는 그리스도 | 존 스토트 | IVP
성경을 아는 지식 | R. C. 스프라울 | 좋은씨앗

예수의 길 | 레베카 피펏 | IVP

위대한 기독교 사상가 10인 | 알리스터 맥그래스 | IVP

이것이 진정한 기독교다 | 로날드 사이더, IVP

차마 신이 없다고 말하기 전에 | 박영덕, IVP

톰 라이트와 함께하는 기독교 여행 | 톰 라이트, IVP

하나님 목적 나의 목적 | 크리스틴 사인, 톰 사인 | 그루터기

그리스도의 십자가 | 존 스토트 | IVP

복음주의와 기독교적 지성 | 알리스터 맥그래스 | IVP

소명 | 오스 기니스 | IVP

순전한 기독교 | C. S. 루이스 | 홍성사

신을 모르는 시대의 하나님 | 강영안 | IVP

오소독시 | G. K. 체스터턴 | 이끌리오

하나님을 아는 지식 | 제임스 패커 | IVP

2. 기독교 세계관

그리스도인의 비전 | 리처드 미들턴, 브라이안 왈쉬 | IVP

기독교 세계관과 현대 사상(확대개정 4판) | 제임스 사이어 | IVP

니고데모의 안경 | 신국원 | IVP

세상 속의 그리스도인 | 올리버 바클리 | IVP

인간, 하나님의 형상 | 레날드 맥컬리, 제람 바즈 | IVP

죄 많은 이 세상으로 충분한가 | 송인규 | IVP

창조, 타락, 구속(확대개정판) | 알버트 월터스, 마이클 고힌 | IVP

천국만이 내 집은 아닙니다 | 폴 마샬 | IVP

축구와 하나님 나라 | 마크 로커스 | IVP

코끼리 이름 짓기 | 제임스 사이어 | IVP

포스트모던 시대의 진리 | 레슬리 뉴비긴 | IVP

토플러&엘륄 | 손화철 | 김영사

삶은 기적이다 | 웬델 베리 | 녹색평론사

완전한 진리 | 낸시 피어시 | 복있는사람

포스트모던 시대의 기독교 세계관

    리처드 미들턴, 브라이안 왈쉬 | 살림

포스트모던 시대에서의 기독교 신학과 신앙

    마크 놀 외 엮음 | 엠마오

기독교적 세계관 | 양승훈, CUP

기독교 세계관이란 무엇인가 | 이승구 | SFC

겨자씨 vs 맥세상 | 톰 사인 | 예수전도단

그리스도인, 이제 어떻게 살 것인가 | 찰스 콜슨, 낸시 피어시 | 요단

기독교 세계관 | 아더 홈즈 | 엠마오

그리스도와 문화 | 리처드 니버 | IVP

3. 기독교 윤리

그리스도인의 양심 선언 | 로날드 사이더 | IVP
기독교 윤리학의 토대와 흐름 | 스탠리 그렌츠 | IVP
포스트모던 시대의 기독교 윤리 | 윌리엄 슈바이커 | 살림
사실, 가치, 하나님 | 아더 홈즈 | IVP
신약의 윤리적 비전 | 리처드 헤이스 | IVP
예수의 정치학 | 존 하워드 요더 | IVP
미래 사회와 기독교 윤리 | 송인규 | 이레서원
현대를 위한 구약 윤리(확대개정판) | 크리스토퍼 라이트 | IVP
생명윤리학 | 스콧 래, 폴 콕스 | 살림
정의와 사회 질서 | 에밀 부르너 | 대한기독교서회
시대의 분별과 윤리적 선택 | 신원하 | SFC
교회가 꼭 답해야 할 윤리 문제들 | 신원하 | 예영
포스트모던 시대의 기독교윤리 | 윌리엄 슈바이커 | 살림

4. 사회 참여/이슈

가난한 시대를 사는 부유한 그리스도인 | 로날드 사이더 | IVP

그리스도인의 양심 선언 | 로날드 사이더 | IVP

다 빈치 코드는 없다 | 김영봉 | IVP

도전받는 현대 기독교 | 오스 기니스 | IVP

뒤틀려진 기독교 | 자끄 엘룰 | 대장간

무례한 기독교 | 리처드 마우 | IVP

바늘귀를 통과한 부자 | 김영봉 | IVP

복음전도, 구원, 사회정의 | 로날드 사이더, 르네 빠디야 | IVP

사람과 공동체를 회복시키는 정의 | 찰스 콜슨 | IVP

정의로운 정치 | 폴 마샬 | IVP

정의와 평화가 입맞출 때까지 | 니콜라스 월터스토프 | IVP

한국 기독교의 사회 윤리적 책임 | 양낙흥 | IVP

한국 기독교의 역사적 책임 | 백종국 | IVP

현대 사회 문제와 그리스도인의 책임 | 존 스토트 | IVP

교회의 사회 복지 참여하고 실천하기 | 기윤실 | 대한기독교서회

평화의 얼굴 | 김두식 | 교양인

저 낮은 곳을 향하여 | 한완상 | 뉴스앤조이

평화를 사랑하는 자들의 폭력 | 로제슈쯔 | 분도

5. 인문학

강교수의 철학 이야기 | 강영안 | IVP

과학 철학 | 델 라치 | IVP

신앙의 눈으로 본 문학 | 수잔 갤러거, 로저 런든 | IVP

신앙의 눈으로 본 사회학 | 데이비드 프레이저, 토니 캠폴로 | IVP

신앙의 눈으로 본 심리학 | 데이비드 마이어스, 말콤 지브스 | IVP

신앙의 눈으로 본 역사 | 로널드 웰즈 | IVP

역사관의 유형들 | 데이빗 베빙턴 | IVP

포스트모더니즘 | 신국원 | IVP

폴 투르니에의 기독교 심리학 | 게리 콜린스 | IVP

하나님을 사랑한 철학자 9인 | 손봉호 외 | IVP

현대 우상 이데올로기 | 밥 하웃즈바르트 | IVP

철학은 우리에게 무엇인가 | 강영안 | 궁리

타인의 얼굴-레비나스의 철학 | 강영안 | 문학과지성사

6. 복음주의

복음주의와 기독교적 지성 | 알리스터 맥그래스 | IVP

복음주의의 기본 진리 | 존 스토트 | IVP

복음주의자는 무엇을 믿는가 | 영국 UCCF | IVP

복음주의란 무엇인가 | 로버트 웨버 | 생명의말씀사

다시 보는 복음주의 유산 | 도널드 데이턴 | 요단

복음주의 지성의 스캔들 | 마크 놀 | 엠마오

미국제 복음주의를 경계하라 | 마이클 호튼 | 나침반

미국의 근본주의와 복음주의 이해 | 조지 마스덴 | 성광

복음주의와 기독교의 미래 | 알리스터 맥그래스 | 한국장로교출판사

복음주의 신학의 흐름 | 버나드 램 | 생명의말씀사

옮긴이 홍병룡은 연세대학교 정치외교학과와 동대학원을 졸업했다. 캐나다 Regent College와 Institute for Christian Study에서 공부했으며, IVP 대표 간사로 일한 바 있다. 역서로는 「여성, 그대의 사명은」, 「소명」, 「정의와 평화가 입맞출 때까지」, 「다원주의 사회에서의 복음」, 「그리스도와 문화」(이상 IVP), 「완전한 진리」(복있는사람) 외 다수가 있다.

마음을 다하여 하나님 사랑하기

초판 발행   2008년 4월 10일
초판 2쇄   2009년 2월 10일

지은이_ 제임스 에머리 화이트
옮긴이_ 홍병룡
펴낸이_ 신현기

펴낸곳_ 한국기독학생회출판부
등록번호   제313-2001-198호.(1978.6.1)
주소   04031 서울시 마포구 동교로 156-10
대표 전화   (02)337-2257   팩스   (02)337-2258
영업 전화   (02)338-2282   팩스   080-915-1515
홈페이지_ http://www.ivp.co.kr   이메일_ ivp@ivp.co.kr
ISBN 978-89-328-4559-3

ⓒ 한국기독학생회출판부 2008

책값은 뒤표지에 있습니다.
무단 전재와 복제를 금합니다.